PLÁTICAS:

Conversational Spanish

MARTA ANDREWS
City College of San Francisco

JACQUELYN GREEN
City College of San Francisco

CECILIA LUNDIN
City College of San Francisco

JOSÉ ÁNGEL MEJÍA
City College of San Francisco

KENDALL/HUNT PUBLISHING COMPANY
Dubuque, Iowa, USA • Toronto, Ontario, Canada

B 402328 01

Contents

Preface

Pláticas follows principles that foreign language teachers have found successful in the classroom throughout the years. Its thirty-five lessons are designed to provide a systematic presentation and practice of the language that can easily be correlated with any grammar-oriented class.

However, *Pláticas* is unique in that it responds to TODAY'S NEEDS and the wishes of hundreds of students who want to learn Spanish with an audio-lingual, conversational approach from the very beginning.

Students specifically expressed that they wanted the following features in a textbook designed for such a purpose:

1. Dialogues that reflect "today's" life.
2. Exercises that would thoroughly drill the grammatical structures.
3. Short explanations of the structures of the language to help them draw generalizations from specific examples given in the dialogues.
4. A cultural approach which reflects how people live, what they eat, how they dress, etc.
5. And, a sense of humor in the material used.

Pláticas was written in response to such needs and wishes. We have used the material in our classes for over five years and it has been very successful.

Introduction

I. Content

The text consists of thirty-five lessons. Each lesson is divided into dialogues, brief grammatical explanations, exercises, and other activities.

A. *Dialogues.* These are based on real-life conversations. The authors have sought to preserve the freshness of these spontaneous conversations. The dialogues illustrate topics that reflect situations of daily life. They also reflect, generally, some cultural aspect of Latin American or Spanish life.

There are two dialogues in each lesson: the *"Diálogo para conversación"* which exposes the student to certain patterns of the language; and the *"Diálogo para memorizar"* which helps the student master these patterns.

B. *Grammar.* Brief grammatical explanations have been included for those students who find it difficult to draw syntactical generalizations from the concrete examples given in the dialogues and the exercises.

C. *Exercises.* These are an integral part of the lesson and not simply a repetition of the dialogue. They drill the structures of the language presented in each lesson. The exercises have been divided into drills, exercises of guided conversation and exercises of free conversation.

D. *Vocabulary.* High frequency words are generally used. Words learned are repeated as often as possible throughout the book. A vocabulary list is included with each lesson and a general Spanish-English list at the end.

E. *Activities.* These are included to lend variety to the classes and to review vocabulary and language structures learned in the lesson.

II. Method

Although the book may be used in any manner that best suits the instructor, the authors have found that the following method has proven very successful.

The book is used in three semesters with classes meeting three hours per week. Approximately twelve lessons should be covered every semester.

Students are expected to attend a language laboratory two hours per week, and to study at home two additional hours per class hour.

In the actual use of the book in the classroom the following procedures have been successful:

1. The instructor asks the students to keep the book closed and drills with them *each* one of the sentences of the *"Diálogo para conversación"* until the students can repeat the sentences with a good accent.
2. The instructor briefly explains the grammatical points presented in the lesson and follows the explanations with intensive drilling of those structures provided in the exercises.

3. When all the structures presented in the lesson have been mastered, the instructor practices the *"Diálogo para memorizar"* with the students. When the students are able to repeat it with a fairly accurate accent, the instructor asks them to memorize it.
4. At this point, students are ready to answer with ease the questions given in *"Preguntas."*
5. An oral test is given at the end of each lesson.
6. It is the experience of the authors that, generally, students learn better if the drilling of exercises is limited to twenty or thirty minutes. For this reason, the authors suggest that the first and last part of the class be dedicated to other activities such as review of vocabulary, games, songs, etc.
7. Mid-term and final examinations are given orally.

Frases Utiles
(Useful Phrases)

I. **Saludos.** (Greetings)

— Buenos días, estudiantes.

— Buenas tardes, estudiantes.

— Buenas noches, estudiantes.

— Buenos días, señor (Sr.) Rodríguez
        señora (Sra.) Rodríguez
        señorita (Srta.) Rodríguez

Spanish speaking countries use

Buenos días—from midnight until noon *lunch time*

Buenas tardes—from noon until 7:00 P.M.

Buenas noches—from 7:00 until midnight

II. **Nombres.** (Names)

— Yo *me llamo* Rosa Rodríguez.

— ¿Cómo *se llama* Ud.?

— Yo *me llamo* Roger Jones.

Activity: All students will give their names in Spanish and then they will ask their neighbor's name.

III. **Expresiones para la clase.** (Classroom Expressions) *open*

la primera fila	Abran su libro, por favor.
la segunda fila	*close* Cierren su libro, por favor.
la tercera fila	Está bien.
la cuarta fila	¿Cómo se dice . . . ? *it is*
la derecha	Escuchen ustedes.
la izquierda	Repitan ustedes.
	Preparen ustedes para mañana . . .

IV. **Expresiones de cortesía.** (Expressions of Courtesy)

— Por favor.

— Gracias.

— De nada.

— No hay de qué.

— Con permiso.

V. **Despedidas.** (Farewells)

— Adiós.

— Adiós, señor Rodríguez.

— Hasta la vista. *- sight*

— Hasta luego. *later*

until

Note: Most of the material offered in this section will be covered later in the text. We give it now to help the instructor establish preliminary contact with the students in Spanish.

Lección I
FEO, FUERTE Y FORMAL[1]

Diálogo para conversación
(Dialogue for Conversation)

JUANITA: ¿Quién es el novio de Carmen?

MARGARITA: Juan Ramírez.

JUANITA: ¿Cómo es Juan?

MARGARITA: Juan es joven. Es alto y delgado.

JUANITA: ¿Es guapo o feo?

MARGARITA: Es feo.

JUANITA: ¿Qué es?

MARGARITA: Es doctor. Además es millonario.

JUANITA: Hmmm. Entonces es formal.

MARGARITA: Sí, y también es atleta.

JUANITA: Entonces es fuerte.

MARGARITA: Sí, él es el hombre perfecto: feo, fuerte y formal.

---

1. Juanita and Margarita are discussing Juan according to an old Spanish belief. Husbands should be strong so that they can protect the family, dependable so that they can assume their responsibilities, and homely so that they will not play around too much.

Homely, Strong, and Dependable

JUANITA: Who is Carmen's boyfriend?
MARGARITA: Juan Ramírez.
JUANITA: What is he like?
MARGARITA: Juan is young. He is tall and slender.
JUANITA: Is he handsome or homely?
MARGARITA: He is homely.
JUANITA: What is he?
MARGARITA: He is a doctor. Besides, he is a millionaire.
JUANITA: Hmmm. Then he is dependable.
MARGARITA: Yes, and he is also an athlete.
JUANITA: Then he is strong.
MARGARITA: Yes, he is the perfect man: homely, strong, and dependable.

I. Subject Pronouns

El es el hombre perfecto.

yo	I	nosotros (-as)	we
tú	you	vosotros (-as)	you
usted	you	ustedes	you
él	he	ellos	they
ella	she	ellas	they

Personal pronouns are generally not used in Spanish except for emphasis or clarification; or, in the case of *Ud.* and *Uds.,* for courtesy.

The *tú* and *vosotros* forms are used to address close friends, family members, and children. *Vosotros* is not used in Spanish America. but is "understood"

II. Verb **SER**

El *es* joven.

Present Indicative of **SER**

ser—to be

yo	soy	nosotros (-as)	somos
tú	eres	vosotros (-as)	sois
usted	es	ustedes	son
él	es	ellos	son
ella	es	ellas	son

Usage of *ser* in this lesson: 1) with nouns—tells who or what the subject is. 2) With descriptive adjectives—describes characteristics of the subject.

Ejercicio (Exercise)

Ejercicio de substitución. (Substitution Drill)

1. *Juan* es fuerte.

   yo/ él/ Ud./ tú/ ella

2. *Juan* es formal.

   tú/ Ud./ ella/ yo/ él

3. *Juan* es joven.

   Ud./ él/ yo/ ella/ tú

4. *Juan* es atleta.

   él/ tú/ Ud./ ella/ yo

5. *Juan* es inteligente.

   él/ yo/ Ud./ tú/ ella

III. Negative Sentences.

Juan es formal.   Juan *no* es formal.

To make a sentence negative, *no* is placed before the verb.

Ejercicio

Cambie al negativo. (Change to the negative.)

1. Juan es fuerte.
2. Yo soy formal.
3. Tú eres atlta.
4. Juan es feo.
5. Juan es joven.
6. Juan es millonario.

IV. Interrogative Sentences.

In questions the verb precedes the noun and if an interrogative word is used, it will precede the verb.

Juan es formal.   ¿Es formal Juan?
                         ¿Cómo es Juan?

Ejercicio

A. Cambie a preguntas. (Change to questions.)

1. Juan es fuerte.   4. Juan es doctor.

2. Juan es formal.   5. Juan es atleta.

3. Juan es alto.   6. Juan es millonario.

B. Ejercicio de substitución.

1. ¿Qué es *Juan?*

ellos/ tú/ nosotros/ él y yo/ Uds./ tú y Juan

2. ¿Cómo es *Carmen?*

Ud./ nosotros/ ellos/ tú/ Carmen y Juan/ yo/ él

V. Answering Questions. Affirmative and Negative Answers.

When answering questions affirmatively, precede the answer by *sí* (yes).

¿Es fuerte Juan?   *Sí,* Juan es fuerte.

When answering questions negatively, two *"no's"* are used, just as two negative words are used in English.

¿Es Ud. formal?   *No,* yo *no* soy formal.

Ejercicios

A. Conteste afirmativamente. (Answer affirmatively.)

1. ¿Es formal Ud.?   4. ¿Soy formal yo?

2. ¿Es fuerte Ud.?   5. ¿Soy fuerte yo?

3. ¿Es estudiante Ud.?   6. ¿Soy inteligente yo?

B. Conteste negativamente. (Answer negatively.)

No Juan No es doctor

1. ¿Es Juan doctor?   5. ¿Eres fuerte tú?
2. ¿Es Juan el hombre perfecto?   6. ¿Eres inteligente tú?
3. ¿Es Juan el novio de Carmen?   7. ¿Eres formal tú?
4. ¿Es Juan estudiante?   8. ¿Eres atleta tú?

No Yo No soy fuerte

VI. Definite articles.

¿Quién es *el* novio de Carmen?

Es *el* hombre perfecto.

depends on ending

Singular	Plural
el *the*	los *> them the*
la *her You is*	las

Ejercicio

Dé el artículo definido correspondiente a los siguientes nombres. (Give the corresponding definite article for the following nouns.)

_el_ doctor	_las_ preguntas	_el_ hombre
_la_ conversación	_los_ ejercicios	_el_ estudiante

Diálogo para memorizar

(Dialogue for Memorization)

MARGARITA: ¿Quién es Juan Ramírez?
JUANITA: Es el novio de Carmen.
MARGARITA: ¿Qué es?
JUANITA: Es doctor. También es atleta.
MARGARITA: ¿Cómo es?
JUANITA: Es feo.
MARGARITA: Es el hombre perfecto: feo, fuerte y formal.

la { -ción -sión
ad
ud
umbre

PREGUNTAS. (Questions)

A. Según el diálogo para conversación: (According to the Dialogue for Conversation)

    1. ¿Quién es el novio de Carmen?   (El novio de Carmen es . . .)

    2. ¿Quién es Juan Ramírez?   (Juan Ramírez es . . .)

    3. ¿Cómo es Juan?   (Juan es . . .)

    4. ¿Es él millonario?   (Sí, él es . . .)

    5. ¿Por qué es perfecto Juan?   (Porque es feo, fuerte y formal.)

    6. ¿Es formal Juan?

    7. ¿Qué es Juan?

    8. ¿Es atleta Juan?   *Si*

    9. ¿Es estudiante Juan?

  10. ¿Es fuerte Juan?

B. Generales: (General)   *Yo soy*

    1. ¿Quién es Ud.?   (John Doe)

    2. ¿Cómo es Ud.?   (inteligente, fuerte, formal)

    3. ¿Cómo es Frankenstein?   (feo)

    4. ¿Qué es Cervantes?   (escritor)

    5. ¿Qué es Picaso?   (pintor)

    6. ¿Qué es Ud.?   *Yo*

    7. ¿Es Ud. formal?   *Si Yo Soy*

    8. ¿Es Ud. doctor?   *No*

    9. ¿Es Ud. fuerte?

  10. ¿Es Ud. atleta?   *Yo No Soy*

Vocabulario

además—besides
alto, -a—tall, high — *bajo*
el atleta—athlete
cambiar—to change, exchange
¿Cómo?—How? What?
la conversación—conversation
de—of, from, about
delgado, -a—slender, thin *gordo*
el doctor—doctor
entonces—then, so
el escritor—writer
el/la estudiante—student
feo, -a—homely, ugly
formal—dependable *informal*
fuerte—strong *debil*
guapo, -a—handsome
el hombre—man
inteligente—intelligent
joven—young *viejo*

Juan—John
Juanita—Jane
la lección—lesson
Margarita—Margaret
el millonario—millionaire *pobre*
no—no, not
el novio—boyfriend, sweetheart, bridegroom
o—or
perfecto—perfect
el pintor—painter
¿Por qué?—Why?
porque—because
¿Qué?—What?
¿Quién?—Who?
ser—to be
sí—yes
también—also, too
y—and

Quien mucho duerme poco aprende.

Lección II
EL TRIÁNGULO

Diálogo para conversación

FEDERICO: ¿Qué hora es ya?

JUAN: Es la una. Todavía es temprano.

FEDERICO: ¡Qué fino reloj! ¿Es de oro?

JUAN: No, pero es suizo. Es de Pedro.

FEDERICO: ¿De Suiza? ¿De Pedro? A propósito, ¿es Rosita amiga de Carmen?

JUAN: Sí, son amigas. ¿Por qué?

FEDERICO: Porque es muy hermosa y muy simpática.

JUAN: Es verdad; pero Rosita es la novia de Pedro.

FEDERICO: Es lástima. Pero Pedro es feo y yo soy guapo.

The Triangle

FEDERICO: What time is it now?
JUAN: It is one o'clock. It is still early.
FEDERICO: What a nice watch! Is it gold?
JUAN: No, but it is Swiss. It is Pedro's.
FEDERICO: From Switzerland? Pedro's? By the way, is Rosita Carmen's friend?
JUAN: Yes, why?
FEDERICO: Because she is very pretty and very charming.
JUAN: It is true; but Rosita is Pedro's girlfriend.
FEDERICO: It is a pity. But Pedro is homely and I am handsome.

I. Gender and Plural of Nouns

Es la *novia* de Pedro.
Rosita y Carmen son *amigas*.

In Spanish all nouns are either masculine or feminine. It is, therefore, important that the definite article be learned with the noun.

Nouns which end in -*o,* or which refer to male beings, are generally masculine and nouns which end in -*a,* or which refer to female beings, are generally feminine.

el novio   la novia

To form the plural of nouns, add *s* to nouns ending in a vowel and *es* to nouns ending in a consonant.

hombre—hombres   doctor—doctores

Ejercicio

Dé la forma correspondiente del artículo y luego dé la forma plural: (Give the corresponding form of the definite article and then give the plural form:)

Modelo: hombre   el hombre—los hombres

doctor	conversación
diálogo	reloj
lección	amiga
escritor	novio
estudiante	millonario
pintor	ejercicio

II. Other Uses of **SER**

A. With the preposition *de* to express:

1. Possession	Es de Pedro.
2. Material	Es de oro.
3. Origin	Es de Suiza.

B. Time of day   ¿Qué hora es?*

C. Impersonal Expressions   Es verdad.

---

*Time of day will be covered in Lección V.

Ejercicio

Ejercicio de substitución.

1. *El reloj* es de Pedro.

   la casa/ la mesa/ el ejercicio/ la lección

2. ¿De qué es *el reloj?*

   la silla/ la casa/ la mesa/ la pared

3. El reloj no es de *oro.*

   plata/ plástico/ metal/ cemento/ madera

4. Juanita es de *los Estados Unidos.*

   México/ Chile/ Cuba/ Colombia/ Suiza

III. Adjectives

> Adjectives in Spanish must agree in number and gender with the noun they describe. Masculine adjectives ending in *-o* and adjectives of nationality have four forms:
>
> | Masculine: | blanco | Feminine: | blanca |
> |---|---|---|---|
> | | blancos | | blancas |
> | | español | | española |
> | | españoles | | españolas |
>
> All other adjectives have two forms, singular and plural:
>
> | Singular: | fuerte | Plural: | fuertes |
> |---|---|---|---|
>
> Descriptive adjectives generally follow the noun.

Ejercicio

Ejercicio de substitución.

1. El *libro* blanco
   mesas
   libros
   casa
   sillas

2. El *hombre* guapo
   muchacha
   profesores
   estudiante

3. El *alumno* mexicano
   alumna
   alumnas
   alumnos

4. Los *profesores* franceses
   profesora
   profesor
   profesoras

5. El *muchacho* alto y delgado
   muchachos
   muchachas
   muchacha

Diálogo para memorizar

CARMEN: ¡Qué fino reloj! ¿De qué es?
JUANITA: Es de oro. Es de Rosita.
CARMEN: ¿Quién es Rosita?
JUANITA: Es la novia de Pedro.
CARMEN: ¿De dónde es?
JUANITA: Es de los Estados Unidos.

PREGUNTAS.

A. Según el diálogo para conversación:

1. ¿Cómo es el reloj?

2. ¿De qué es el reloj?

3. ¿De quién es el reloj?

4. ¿De dónde es el reloj?

5. ¿Son amigas Rosita y Carmen?

6. ¿Cómo es Rosita?

7. ¿Quién es Rosita?

8. ¿Es Juan el novio de Rosita?

9. ¿Cómo es Pedro?

10. ¿Cómo es Federico?

B. Generales:

1. ¿De dónde es Ud.?

2. ¿De dónde soy yo?

3. ¿De dónde es Fidel Castro?

4. ¿De dónde es Diego Rivera?

5. ¿Son amigos Ud. y Federico?

6. ¿Es Ud. de Suiza?

7. ¿Es de madera la mesa?

8. ¿Es de cemento la casa?

9. ¿Es de plástico el reloj?

10. ¿Es de metal la mesa?

Vocabulario

el alumno—student, pupil
el amigo—friend
blanco, -a—white
la casa—house, home
el cemento—cement
¿De dónde?—From where?
español, -ola—Spanish
los Estados Unidos—United States
Federico—Frederick
fino, -a—nice, fine
francés, -esa—French
hermoso, -a—beautiful
la hora—hour, time
la lástima—pity
el libro—book
la madera—wood
la mesa—table, desk
el metal—metal
mexicano, -a—Mexican
el muchacho—boy

muy—very
el oro—gold
la pared—wall
Pedro—Peter
pero—but
el plástico—plastic
la plata—silver
el profesor—teacher, professor
¡Qué!—What (a)
el reloj—watch, clock
Rosita—Rose, Rosa
la silla—chair
simpático, -a—charming, nice
Suiza—Switzerland
suizo, -a—Swiss
temprano—early
todavía—still, yet
el triángulo—triangle
la verdad—truth
ya—already, now

ACTIVIDADES

1. Look at the pictures on the following pages and describe each person as follows:

Jane Fonda

   1. Es Jane Fonda
   2. Es de los Estados Unidos.
   3. Es actriz.
   4. Es joven.

2. Now prepare questions on these people. The questions should be answered by the instructor with a "yes" or "no" only. (We shall call these questions "yes or no questions" in the future.)

Jane Fonda

Student:

   1. ¿Es americana?
   2. ¿Es profesora?
   3. ¿Es vieja?
   4. ¿Es política?

Instructor:

   Sí, es americana.
   No, no es profesora.
   No, no es vieja.
   Sí, es política.

3. The instructor will think about one of these famous people, and the students will try to identify the person by asking "yes or no questions".

Vocabulario

el actor—actor
la actriz—actress
el/la cantante—singer
el escritor—writer

político, -a—politician
el rey—king
la reina—queen
viejo, -a—old

Argentina
Cuba
España—Spain
Inglaterra-England
México

Jacqueline Onassis

Sammy Davis, Jr.

Fidel Castro

Salvador Dalí

Robert Redford

Elizabeth Taylor

Edward Kennedy

César Chávez

Walter Cronkite

Frank Sinatra

Robert Young

Queen Elizabeth

Lección III

CANTAR, BAILAR Y NO TRABAJAR

Diálogo para conversación

FEDERICO: ¡Cantar! ¡Vamos a cantar . . . !
¡Bailar! ¡Vamos a bailar!

LUIS: (entra con un libro) ¡VAMOS A ESTUDIAR!

FEDERICO: ¡¿Estudiar?! ¿Ahora? ¿Qué estudiamos?

LUIS: Pues, el español. La primera lección.

FEDERICO: La lección es fácil:

> yo: hablo francés.
> tú: hablas español.
> nosotros: hablamos alemán.

LUIS: ¿Cómo? ¿Es así la lección?

FEDERICO: No, hombre. Así no es la lección, pero ahora vamos a cantar unas canciones.

LUIS: Federico, tú no eres formal. Vamos a estudiar.

To Sing, To Dance, and Not To Work

FRED: Sing! Let's sing! Dance! Let's dance!
LOUIS: (He enters with a book.) Let's study!
FRED: Study? Now? What do we study?
LOUIS: Well, Spanish. The first lesson.
FRED: The first lesson is easy:

> I speak French.
> You speak Spanish.
> We speak German.

LOUIS: What? Is that the way the lesson is?
FRED: No, the lesson is not that way, but now let's sing some songs.
LOUIS: Fred, you are not serious. Let's study.

I. -AR Verbs

Yo *hablo* francés.
Tú *hablas* español.
Nosotros *hablamos* alemán.

Present Indicative of Regular -AR Verbs

HABLAR—to speak

Stem	Endings	
habl-	o	amos
	as	áis
	a	an

yo	**hablo**	*We* nosotros, -as	**hablamos**
tú	**hablas**	*You* vosotros, -as	**habláis**
usted	**habla**	*You* ustedes	**hablan**
él	**habla**	*They* ellos	**hablan**
ella	**habla**	*They* ellas	**hablan**

Hablo can be translated as I speak, I am speaking, and I do speak.

Ejercicios

A. Ejercicio de substitución.

1. *Federico* habla francés.
   Ella
   Federico y Luis — *They*
   Tú
   Ustedes
   Ella y yo *We*
   Federico y tú *You*
   Usted y yo *we*
   Ellas

2. *Luis* canta y baila.
   Luis y Federico
   Yo
   El
   Ella
   Ellos
   El y ella *They*
   Ustedes
   Tú

B. Conteste afirmativamente.

¿Trabaja mucho Ud.?
¿Habla Ud. español?
¿Baila bien Ud.?
¿Prepara Ud. la lección?

¿Cantan Uds.?
¿Bailan mucho Uds.?
¿Hablan Uds. español?
¿Pronuncian bien Uds.?

C. Conteste negativamente.

¿Cantan Juan y Carmen?

¿Estudian Juan y Carmen?

¿Estudian ellos español?

¿Bailan ellos?

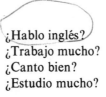

¿Hablo inglés?

¿Trabajo mucho?

¿Canto bien?

¿Estudio mucho?

II. Verb **IR**

Voy a cantar.

Vamos a estudiar.

Present Indicative of the Irregular

Verb IR—to go

Yo	**voy**	**vamos**	Nosotros
Tu	**vas**	**vais**	Vosotros
usted, él, ella	**va**	**van**	Uds, ellos, ellas

Ir a plus an infinitive means— to be going to: *voy a cantar*—

I am going to sing.

In the first person plural, this construction is also used to express a command: let us (let's): *Vamos a cantar*—We are going to sing or

Let's sing.

Ejercicios

A. Ejercicio de substitución.

1. *Nosotros* vamos a clase.

   yo/ ellas/ tú/ Uds./ Ud.

2. *Luis* va a cantar.

   tú/ nosotros/ yo/ ellos/ ella.

3. *Uds.* van a bailar.

   tú/ nosotros/ Federico/ ellos/ yo

4. *Yo* voy a estudiar.

   nosotros/ ellos/ tú/ Uds./ ella

B. Conteste según el modelo. (Answer according to the model.)

¿Qué va a ser Ud.?   *millonario*   Modelo: Voy a ser millonario.
profesor
el hombre perfecto
estudiante
doctor
atleta
como Federico

III. Indefinite Articles

Entra con *un* libro.

	Singular	**Plural**
masc.	un	unos
	a (an)	some
fem.	una	unas

Un is used before a masculine noun and *una* before a feminine noun:

un reloj   *una* canción

Uno (masc.) and *una* (fem.) used alone stand for the pronoun *one*.

Contrary to English, the singular indefinite article is not used after the verb ser or a noun which describes profession or nationality, unless it is modified.

Es profesor. (unmodified)
Es un profesor simpático. (modified)

Ejercicios

A. Conteste según el modelo.

¿Cómo es Juan?   joven   Modelo: Juan es un muchacho joven.

alto/ delgado/ formal/ fuerte/ perfecto

¿Cómo es Rosita?   alta   Modelo: Rosita es una muchacha alta.

hermosa/ delgada/ guapa/ simpática

B. Repita la frase y luego cambie según el modelo.
(Repeat the sentence and then change according to the model.)

Modelo: Juan es doctor.   Juan es doctor.
       simpático   Juan es un doctor simpático.

1. Felipe es estudiante.
    formal

2. Rosita es suiza.
    hermosa

3. Diego es pintor.
    famoso

4. Pedro es profesor.
    interesante

5. Carmen es cantante.
    guapa

Diálogo para memorizar ✓

PEDRO: ¿Qué estudias ahora?
JUAN: Estudio español. ¿Y tú?
PEDRO: Yo estudio el francés y el alemán.
JUAN: ¿Qué estudia Federico?
PEDRO: Estudia el español. Canta muchas canciones españolas.
JUAN: Federico va a ser cantante.
PEDRO: Y tú, ¿qué vas a ser?
JUAN: Yo soy como Federico. Voy a cantar. Voy a bailar. No voy a trabajar.

PREGUNTAS

A. Según el diálogo para conversación:

1. ¿Quién canta y baila?

2. ¿Quién entra?

3. ¿Qué dice Luis? (What does Luis say?)

4. ¿Qué lección van a estudiar ellos?

5. ¿Cómo es la lección?

6. ¿Estudian español Luis y Federico?

7. ¿Trabaja mucho Federico?

8. ¿Canta y baila Luis?

9. ¿Hablan ellos inglés o español?

10. ¿Es formal Federico?

B. Preguntas personales:

1. ¿Qué estudia Ud.?

2. ¿Habla usted español?

3. ¿Hablas inglés?

4. ¿Estudian ustedes mucho?

5. ¿Canta usted bien?

6. ¿Baila usted bien?

7. ¿Trabajan ustedes mucho?

8. ¿Habla Ud. francés?

9. ¿Qué estudias este semestre?

10. ¿Qué va a ser Ud.?

Vocabulario

a—to, at
ahora—now
el alemán—German (language)
así—thus, like that
bailar—to dance
bien—well
la canción—song
cantar—to sing
la clase—class
como—like, as
con—with
entrar—to enter
el español—Spanish (language)
estudiar—to study

fácil—easy
famoso, -a—famous
el francés—French (language)
hablar—to speak
el inglés—English (language)
interesante- —interesting
ir—to go
Luis—Louis
mucho—much, a lot, a great deal
preparar—to prepare
primero, -a—first
pronunciar—to pronounce
pues—well, so
el semestre—semester
trabajar—to work

Lección IV
RICARDO Y JUANITA[1]

Diálogo para conversación

JUANITA: ¡Ay, Ricardo! ¡Ay! Ahí está Luis. Hola Luis.

LUIS: ¿Cómo estás, Juanita? ¿Cómo estás, Ricardo?

RICARDO: Yo estoy bien. Juanita está preocupada.

LUIS: ¿Por qué?

JUANITA: Mancha no está bien hoy.

LUIS: Pero, ¿dónde está Mancha?

(Todos miran alrededor.)

JUANITA: ¿Dónde estás, Mancha? ¡Ay, no está aquí!

RICARDO: (A Luis) Juanita está triste. Vamos a buscar a Mancha.

JUANITA: Mancha, Mancha. . . . ¡Ricardo! ¿Luis! Allí está Mancha. Está debajo del árbol. ¡Qué contenta estoy! Mancha, ¿cómo estás?

MANCHA: Guau, guau.

Dick and Jane

JANE: Oh, Dick! Oh! There is Luis. Hello, Luis.
LUIS: How are you, Jane? How are you, Dick?
DICK: I am well. Jane is worried.
LUIS: Why?
JANE: Mancha is not feeling well today.

---

1. Dick and Jane are going to college now. Their old dog "Spot" died. Since they are very interested in Spanish, they named their new dog "Mancha." Mancha is a Chihuahua dog.

Luis: But, where is Mancha?
    (They all look around.)
Jane: Where are you, Mancha? Oh, she is not here!
Dick: (To Luis) Juanita is sad. Let's look for Mancha.
Jane: Mancha, Mancha. . . . Dick! Luis! Mancha is over there. She is under the tree. How happy I am! Mancha, how are you?
Mancha: Bow, wow.

I. Verb ESTAR

¿Cómo *estás* Ricardo?

Present Indicative of ESTAR

estoy	estamos
estás	estáis
está	están

Usage of *estar* in this lesson:
    1. with nouns—indicates location
    2. with adjectives—it describes a condition of the subject

---

Ejercicios

A. Ejercicio de substitución.

    1. *Mancha* no está bien.

        nosotros/ tú/ yo/ ellos /él

    2. ¿Dónde está *Luis?*

        Uds./ yo/ tú/ ellos/ ella.

    3. *Ellos* están en clase.

        Ud./ tú/ yo/ Uds./ él

    4. *Juanita* está triste.

        yo/ Pedro/ él/ tú/ ella

B. Conteste según el modelo.

    1. ¿Está Ud. en clase?   Sí, yo estoy en clase.
      ¿Están Uds.   ?
      ¿Estás tú   ?
      ¿Estoy yo   ?
      ¿Está Juanita   ?

    2. ¿Están Uds. bien hoy?   Sí, nosotros estamos bien hoy.
      ¿Está Pedro   ?
      ¿Estás tú   ?
      ¿Estoy yo   ?
      ¿Está Ud.   ?

3. ¿Está triste Ricardo?   No, Ricardo no está triste.
   ¿Estoy yo   ?
   ¿Está Ud.   ?
   ¿Estás tú   ?
   ¿Está él   ?

II. Contractions

Está debajo *del* árbol.
Busco *al* profesor.

The preposition *a* followed by the article *el* contracts into *al,*
and *de* followed by *el* contracts into *del.*

Ejercicio

Contraiga la preposición con el artículo, si es necesario.
(Contract the preposition and the article, if necessary.)

1. a la amiga   2. de la pared
   el doctor   el reloj
   el escritor   la conversación
   la novia   el atleta
   la casa   el cantante

III. The Personal "a"

Buscamos *a* Mancha.

When the direct object of a verb refers to a definite person, or
a pet, Spanish uses the preposition *a* before the direct object.

Ejercicio

Complete con "a" si es necesario. (Complete with "a" if necessary.)

1. Busco _____ el reloj.
                 el profesor.
                 Mancha.
                 los estudiantes.
                 la casa.

2. Miro _____ el novio.
                los profesores.
                las lecciones.
                Juanita.
                los libros.

IV. The Adverbs **aquí, ahí,** and **allí.**

Ahí está Luis.
No está *aquí.*
Allí está Mancha.

---

aquí—here
ahí—there (nearby)
allí—there (over there, yonder)
allá

Diálogo para memorizar

JUANITA: ¿Dónde estás, Ricardo?
RICARDO: Estoy en City College.
JUANITA: ¿Dónde está City College?
RICARDO: Está en San Francisco.
JUANITA: ¿Dónde está San Francisco?
RICARDO: Está en California.
JUANITA: ¿Dónde está California?
RICARDO: Está en los Estados Unidos.
JUANITA: ¿Dónde están los Estados Unidos?
RICARDO: Los Estados Unidos están en América. América está en en el mundo. El mundo está en el universo.

PREGUNTAS

A. Según el diálogo para conversación:

1. ¿Quiénes hablan?
2. ¿Cómo está Ricardo?
3. ¿Cómo está Juanita?
4. ¿Por qué está preocupada Juanita?
5. ¿Quiénes van a buscar a Mancha?
6. ¿Dónde está Mancha?
7. ¿Qué dice Juanita?
8. ¿Qué dice Mancha?
9. ¿Quién es Mancha?
10. ¿Cómo es Mancha?

EJERCICIO

Yo estoy aquí.

El árbol está ahí.

El sol está allí.

¿Dónde está ella?

¿Dónde están los árboles?

¿Dónde están ellos?

¿Dónde están las estrellas?

¿Dónde está él?

B. Generales.

1. ¿Quiénes están aquí?
2. ¿Cómo está usted hoy?
3. ¿De dónde es usted?
4. ¿Qué son Uds.?
5. ¿Dónde están Los Angeles?
6. ¿Dónde estudia Ud.?
7. ¿Qué va Ud. a estudiar?
8. ¿Baila Ud. bien?
9. ¿Busca Ud. al profesor?
10. ¿Qué hablamos en clase?

Vocabulario

ahí—there (nearby)
allí—over there, yonder
alrededor—around
aquí—here
el árbol—tree
¡ay!—oh!
buscar—to look for, seek
completar—to complete
contento, -a—content, pleased
debajo de—under, below
¿Dónde?—Where?
en—in, on, at
estar—to be
la estrella—star

guau, guau—bow, wow
hola—hello, hi
hoy—today
Mancha—Spot
mirar—to look at
el mundo—world
el perro—dog
preocupado, -a—worried
Ricardo—Richard
el sol—sun
todo, -a—all
triste—sad
el universo—universe

En boca cerrada no entran moscas.

Lección V
CINCO COMIDAS[1]

Diálogo para conversación

(Son las dos de la tarde. Luis entra en la casa de Federico.)

LUIS: ¡Federico! ¿Comes a las dos de la tarde?

FEDERICO: Claro. Tomo el desayuno a las seis; el almuerzo a las once; la comida principal a las dos; la merienda a las seis. La cena a las diez de la noche.

LUIS: ¡Vives para comer! Y, ¿qué comes en cada comida?

FEDERICO: Como soy mexicano, como solamente enchiladas.

LUIS: Y yo, como soy norteamericano, como solamente hamburguesas.

FEDERICO: Claro. Y los españoles comen solamente paella; los chinos, arroz. . . .

LUIS: Los alemanes beben solamente cerveza; los rusos, vodka. . . .

FEDERICO: Y los americanos, Coca-Cola.

LUIS: ¡Qué graciosos somos!

Five Meals

(It is two o'clock in the afternoon. Luis enters Federico's house.)

LUIS: Federico! You eat at two in the afternoon?
FEDERICO: Of course. I eat breakfast at six o'clock; lunch at eleven; the main meal at two; a light meal at six. Supper at ten at night.
LUIS: You live to eat! And what do you eat at each meal?
FEDERICO: Since I am Mexican, I eat only *enchiladas*.
LUIS: And I, since I am American, eat only hamburgers.

---

1. See cultural note.

FEDERICO: Of course. And Spaniards eat only *paella;* Chinese, rice. . . .
LUIS: Germans drink only beer; Russians, vodka. . . .
FEDERICO: And Americans, Coca-Cola.
LUIS: Aren't we funny?

I. -ER Verbs

¿*Comes* a las dos de la tarde?

-IR Verbs

Tú *vives* para comer.

Present Indicative of Regular -ER and -IR Verbs			
comer—to eat		vivir—to live	
com o	com emos	viv o	viv imos
com es	com éis	viv es	viv ís
com e	com en	viv e	viv en

Ejercicios

A. Ejercicio de substitución.

1. *Juan y yo* no comemos mucho.   2. *Pedro* vive en California.

   yo/ Ud./ Federico/ tú/ Ana   tú/ Uds./ nosotros/ Ud.

3. *Los alemanes* beben cerveza.

   Luis/ yo/ Uds./ nosotros/ tú/ ellos

B. Conteste según el modelo.

1. ¿Come Juan hamburguesas?   Sí, Juan come hamburguesas.

    ¿Comen Uds.   hamburguesas? *Comemos*
    ¿Comemos Juan y yo   ?
    ¿Comes (tú)   ?
    ¿Comen (ellos)   ?
    ¿Como (yo)   ?

2. ¿Vive Luis para comer?   No, Luis no vive para comer.

    ¿Vivo   para comer   ?
    ¿Viven   ?
    ¿Vivimos   ?
    ¿Viven Uds.   ?
    ¿Vives   ?

3. ¿Beben cerveza los alemanes?   Sí, los alemanes beben cerveza.

¿Bebes cerveza tú?
¿Beben   Uds.?
¿Bebo   yo?
¿Bebe   ella?
¿Beben   ellos?

II. Cardinal Numbers

Cardinal Numbers 1 to 30

1	uno	11	once	21	veintiuno
2	dos	12	doce	22	veintidós
3	tres	13	trece	23	veintitrés
4	cuatro	14	catorce	24	veinticuatro
5	cinco	15	quince	25	veinticinco
6	seis	16	dieciséis	26	veintiséis
7	siete	17	diecisiete	27	veintisiete
8	ocho	18	dieciocho	28	veintiocho
9	nueve	19	diecinueve	29	veintinueve
10	diez	20	veinte	30	treinta

Uno becomes *un* before a masculine noun, and *una* before a feminine noun.
veintiún libros   veintiuna casas

Ejercicios

A. Diga en español.   (Say in Spanish.)

15 desayunos	21 meriendas	14 pintores
11 atletas	8 alemanes	30 hamburguesas
25 escritores	10 doctores	13 cervezas
19 cenas	1 novio	5 comidas

B. Cuente de dos en dos. (Count by two's.)

C. Cuente de tres en tres.

D. Cuente de cinco en cinco.

III. **La hora**—Time of Day

¿Qué hora es?   (What time is it?)

The word *hora* means "time" when referring to the time of day.

Es la una.   (It is one o'clock.)
Son las cuatro   (It is four o'clock.)

Es is used for the hour of one, *son* for all other hours.

The feminine article *la* or *las* is always used before the number indicating the hour.

Son las tres menos cuarto.   (It's 2:45.)
Son las dos y media.   (It's 2:30.)

Up to and including the half hour, minutes are added to the hour, and after the half hour, they are subtracted from the next hour.

Son las dos y media *de* la tarde.   (It's 2:30 in the afternoon.)

The specific time of day is expressed with the preposition *de* which corresponds to "in" in English.

Estudio *por* la mañana.   (I study in the morning.)

"In" is translated by *por* when no specific time is mentioned.

Vocabulario adicional   (Additional Vocabulary)

un cuarto—a quarter
media—half
el mediodía—noon
la medianoche—midnight
¿A qué hora . . . ?—At what time . . . ?

Ejercicios

A. Conteste según el modelo.

¿Qué hora es?	8:00	Son las ocho.

¿Qué hora es?

1:00 a.m.	12:00 midnight	11:20 a.m.
5:15	6:25	4:45
8:30 p.m.	10:50	11:00 p.m.

B. Conteste.

1. ¿A qué hora tomas el desayuno?
2. ¿A qué hora estudias español?
3. ¿A qué hora cenas?
4. ¿Comes mucho por la mañana?
5. ¿Tomas el almuerzo a las doce?
6. ¿Estudias por la tarde?
7. ¿A qué hora vas al café?
8. ¿A qué hora comemos en los Estados Unidos?
9. ¿Tomas cerveza al mediodía?
10. ¿Qué hora es ya?

Son las seis *Son las cinco y cuarto*

Son las dos menos diez

Son las diez

Son las siete y media

Son las cuarto menos cuarto

Son las doce menos cuarto

Son las cinco menos vinte

¿Qué hora es?

Diálogo para memorizar

Luis: ¿Qué tomas al mediodía?

Federico: Sólo tomo cerveza. ¿Y tú?

Luis: Como un emparedado. No vivo para comer.

Federico: Y para la cena, ¿qué comes?

Luis: Por la noche mi madre prepara una cena excelente: carne, patatas y ensalada.

Federico: Pues, yo soy huérfano. Yo, en la cena, sólo tomo un vaso de agua.

PREGUNTAS

A. Según el diálogo para conversación:

1. ¿Qué hora es en el diálogo?

2. ¿Qué come Federico?

3. ¿A qué hora toma el desayuno Federico? ¿Y el almuerzo?

4. ¿A qué hora cena Federico?

5. ¿A qué hora toma la merienda Federico?

6. ¿A qué hora come Luis?

7. ¿Qué comen los españoles? (según Federico)

8. ¿Qué beben los alemanes? (según Luis)

9. ¿De dónde es Luis?

10. ¿Quién vive para comer?

B. Generales:

1. ¿Qué hora es?

2. ¿A qué hora toma Ud. el desayuno?

3. ¿A qué hora toma Ud. el almuerzo?

4. ¿A qué hora cenas?

5. ¿Comes mucho en el desayuno?

6. ¿Estudias por la noche o por la tarde?

7. ¿Dónde toma Ud. el almuerzo?

8. ¿Come Ud. para vivir o vive Ud. para comer?

9. ¿Toma Ud. cerveza?

10. ¿Dónde vive Ud.?

Cultural Note

A few years ago, people in some Latin American countries still ate in the old Spanish fashion. There were several meals a day, and these meals were plentiful. In Mexico, a representative list of foods might have been—

At six in the morning: breakfast (desayuno)
    black coffee
    biscuits

At eleven in the morning: lunch (almuerzo)
    eggs
    bread
    milk

At two in the afternoon: the main meal (comida principal)
    soup
    rice
    meat
    prepared dish (like enchiladas)
    beans
    fruit
    dessert

At six in the afternoon: a light meal (merienda)
    a cup of hot chocolate
    a toasted bun

At ten o'clock: supper (cena)
    meat
    salad
    milk

Industrialization has made it less convenient for workers to go home for the noon meal. Today, in most Latin American countries, meals are taken very much in the manner of the United States with three meals per day. Because the noon meal is not always heavy anymore, it is commonly called "almuerzo", but the Dictionary of the Royal Academy has not yet caught up with this new development, and still describes "almuerzo" as "a meal that is taken during the morning or during the day, before the main meal."

Vocabulario

el agua—water
alemán, -ana—German
el almuerzo—lunch
Ana—Ann
americano, -a—American
el arroz—rice
beber—to drink
cada—each
el café—cafe; coffee
la carne—meat
la cena—dinner, supper
la cerveza—beer
claro—of course
comer—to eat
la comida—meal
el cuarto—quarter, room
chino, -a,—Chinese
el desayuno—breakfast
el emparedado—sandwich
la ensalada—salad
excelente—excellent
gracioso, -a,—entertaining, funny

la hamburguesa—hamburger
el huérfano—orphan
la madre—mother
la mañana—morning
la medianoche—midnight
medio, -a,—half
el mediodía—noon
la merienda—light snack
la noche—night
norteamericano, -a—North American
el número—number
para—for, to, in order to
la patata—potato
por—for, along, by, during
principal—principal
ruso, -a—Russian
solamente—only
sólo—only
la tarde—afternoon
tomar—to take, eat, drink
el vaso—glass
vivir—to live

Modismos

tomar el almuerzo—to eat lunch
. . . . . el desayuno—to eat breakfast

Lección VI
EL MATRIMONIO[1]

Diálogo para conversación

(Juanita y Roger—un estudiante americano—hablan de la boda de Carmen.)

JUANITA: Mañana va a ser el matrimonio de Carmen.

ROGER: ¡Qué anticuado¡ ¿Todavía hay matrimonios en tu país?

JUANITA: Sí, tenemos dos. El matrimonio civil y el religioso.

ROGER: ¿Y hay que hacer muchas fiestas?

JUANITA: Sí, muchas. Hoy tenemos una fiesta para los padres de Carmen que vienen de El Salvador.

ROGER: Y ellos van a dar dos banquetes, ¿no? ¿Tienen mucho dinero los padres de Carmen?

JUANITA: Así, así. Pero, van a gastar mucho dinero. Tienen que comprar nuestros vestidos: para la novia y para las damas.

ROGER: Un vestido blanco para la novia. Y un traje negro para el novio porque está de luto.

JUANITA: ¡Qué gracioso! Y tu traje es azul porque eres un bebé.

The Wedding

(Juanita and Roger—an American student—are talking about Carmen's wedding.)

JUANITA: Tomorrow is Carmen's wedding.
ROGER: How old-fashioned! Are there still marriages in your country?
JUANITA: Yes, we have two. The civil marriage and the religious one.
ROGER: And is it necessary to give many parties?
JUANITA: Yes, many. Today we are having a party for Carmen's parents who are coming from El Salvador.

1. In most Latin American countries the law demands that before a couple can be married by the Church, they have to present proof of having been married by the State.

ROGER: And they are going to have two banquets, aren't they? Do Carmen's parents have a lot of money?

JUANITA: So, so. But they are going to spend a lot of money. They have to buy our dresses: for the bride, and for the maids of honor.

ROGER: A white dress for the bride. And a black suit for the groom because he is in mourning.

JUANITA: How funny! And your suit is blue because you are a baby boy.

I. Verbs **TENER** and **VENIR**

¿Tienen mucho dinero los padres de Carmen?
Vienen de El Salvador.

Present Indicative of **TENER** and **VENIR**			
tener–to have		venir–to come	
tengo	**tenemos**	**vengo**	**venimos**
tienes	**tenéis**	**vienes**	**venís**
tiene	**tienen**	**viene**	**vienen**

Ejercicios

A. Ejercicio de substitución.

   1. *Sus padres* no tienen mucho dinero.

      yo/ nosotros/ ellos/ tú y Juan/ él

   2. *Yo* tengo un perro blanco.

      ellos/ tú/ Juanita y yo/ nosotros/ Ud.

   3. *Luis y Federico* vienen del matrimonio.

      nosotros/ yo/ tú/ ella/ Uds.

   4. *Juanita y yo* siempre venimos a la clase.

      yo/ ellos/ tú y yo/ Uds./ Ud.

B. Conteste.

   1. Afirmativamente:

      ¿Tienes mucho dinero?
      ¿Tengo yo mucho dinero?
      ¿Tienen Uds. mucho dinero?
      ¿Tenemos Juan y yo mucho dinero?
      ¿Tiene Ud. mucho dinero?

we? uds?

2. Negativamente:

> ¿Vienes de la boda?
> ¿Venimos de la boda?
> ¿Vienes de la boda?
> ¿Vengo de la boda?
> ¿Vienen Uds. de la boda?

II. **Hay**

¿Todavía *hay* matrimonios en tu país?

The verb form *hay* is impersonal and is equivalent to the English there is, there are.

Ejercicio

Ejercicio de substitución.

Hay *un libro en la mesa.*

> veintiún doctores en el hospital
> dos matrimonios en mi país
> muchas fiestas en la boda
> muchos pintores en San Francisco
> muchos escritores en México
> un vestido de novia

III. Possessive Adjectives

Nuestros vestidos.
Tu traje es azul.

---

mi, mis	—my	**nuestro** (-a) (-os) (-as)	—our
tu, tus	—your	**vuestro** (-a) (-os) (-as)	—your
su, sus	—his, her, your	**su, sus**	—their, your

Possessive adjectives agree in number and gender with the thing possessed.

mi vestido—my dress   mis vestidos—my dresses

The forms *su* and *sus* are clarified as follows:

su casa   = la casa de él, de ella, de Ud., de ellos, de ellas, de Uds.

sus libros = los libros de él, de ella, de Ud., de ellos, etc.

Ejercicios

A. Ejercicio de substitución.

   1. Juan tiene mi *libro.*

      traje/ vestido/ perro/ cerveza/ almuerzo

   2. Mi madre prepara *nuestra cena.*

      vestidos/ fiestas/ trajes/ banquete/ comida

B. Conteste.

   1. Afirmativamente:

      ¿Es Juan mi amigo?
      ¿   tu   ?
      ¿   (de Uds.) amigo?
      ¿   vuestro   ?
                 su (de Ud.)?

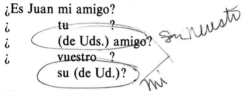

   2. Negativamente:

      ¿Son sus (de Uds.) madrinas?   *god mother*
         ¿mis   ?
         ¿vuestras   ?
         ¿tus   ?
         ¿sus (de Ud)   ?

Diálogo Para Memorizar

ROGER: Aquí viene la novia.

JUANITA: Y allí viene el hermano de la novia. Es muy guapo. Sus hermanas son guapas también.

ROGER: ¿Cuántas hermanas tiene Carmen?

JUANITA: Tiene seis hermanas. Hay dos que no están aquí. ¡Ah, y allí está la madre de Carmen!

ROGER: ¡Pobre Juan! La madre de Carmen es fea. Así va a ser Carmen también.

JUANITA: Y tú, Roger, ¿cómo vas a ser?

PREGUNTAS

A. Según el diálogo para conversación:

1. ¿Cuándo va a ser el matrimonio de Carmen?
2. Según Roger, ¿es anticuado el matrimonio?
3. ¿Cuántos matrimonios van a tener los novios?
4. ¿De dónde vienen los padres de Carmen?
5. ¿Cuántas fiestas hay que hacer?
6. ¿Son ricos los padres de Carmen?
7. ¿Qué tienen que comprar los padres de Carmen?
8. ¿De qué color es el vestido de la novia?
9. ¿De qué color es el traje del novio?
10. ¿De qué color es el traje de Roger?

B. Generales:

1. ¿Todavía hay bodas aquí?
2. ¿A qué hora viene Ud. a clase?
3. ¿Tiene Ud. mucho dinero?
4. ¿Cuándo va a ser su fiesta? ¿Mañana?
5. ¿Es anticuado tener novio (novia)?
6. ¿De qué color es su vestido (traje)?
7. ¿Es blanco mi libro?
8. ¿Cómo viene Ud. a la escuela? (en coche, ^{en} autobús, ^{en} motocicleta)
9. ¿De qué color son los vestidos de las novias?
10. ¿Tiene Ud. un traje (vestido) azul?

Vocabulario

anticuado, -a—old-fashioned
el autobús—bus
azul—blue
el banquete—banquet
el bebé—baby
la boda—wedding
civil—civil
el coche—car
el color—color
comprar—to buy
¿Cuándo?—When?
¿Cuánto, -a?—How much? How
    many?
la dama—maid of honor
dar—to give
el dinero—money
la escuela—school
la fiesta—party
gastar—to spend (money)
hacer—to do, make

hay—there is, there are
el hermano—brother
el hospital—hospital
el luto—mourning
mañana—tomorrow
el matrimonio—marriage
la motocicleta—motorcycle
mucho, -a—much, many
negro, -a—black
el padre—father
los padres—parents
el país—country (nation)
pobre—poor
religioso, -a—religious
rico, -a—rich
tener—to have
el traje—suit, outfit
venir—to come
el vestido—dress

Modismos

¿De qué color es. . . ?—What color is. . . ?
estar de luto—to be in mourning

Lección VII

EN EL RESTAURANTE
"Cabrito al Horno"

Diálogo para conversación

(Los señores Domínguez y Juanito entran en un restaurante.)

JUANITO: (grita) ¿Dónde pongo mi gorra?

SRA. DOMÍNGUEZ: Aquí, niño, en la percha.

SR. DOMÍNGUEZ: Tengo mucha hambre y mucha sed.

JUANITO: Yo tengo calor y tengo sueño.
(Luego canta:)
"Ponemos dinero en la alcancía . . ."

SRA. DOMÍNGUEZ: Juanito, pones nervioso a tu papá.

MESERO: Buenos días, señores. ¿Qué desean ustedes?

SRA. DOMÍNGUEZ: Quiero carne asada y papas al horno, por favor.

SR. DOMÍNGUEZ: Yo quiero cabrito al horno y una cerveza de barril.

JUANITO: Y también queremos chicharrones, chorizo y helado de chocolate.

SRA. DOMÍNGUEZ: El niño quiere pollo cocido y leche.

At the Restaurant
"Baked Kid"

(Mr. and Mrs. Domínguez and Juanito enter a restaurant.)

JUANITO: (He screams.) Where do I put my cap?

MRS. DOMÍNGUEZ: Here, child, on the clothes rack.

MR. DOMÍNGUEZ: I am very hungry and very thirsty.

JUANITO: I am warm and I am sleepy.
(Then he sings:)
"We put money in the money box . . ."
MRS. DOMÍNGUEZ: Juanito, you're making your father nervous.
WAITER: Good day. What will you have?
MRS. DOMÍNGUEZ: I want roast beef and baked potatoes, please.
MR. DOMÍNGUEZ: I want baked kid and a draught beer.
JUANITO: And we also want cracklings, sausage, and chocolate ice cream.
MRS. DOMÍNGUEZ. The child wants boiled chicken and milk.

I. Verbs **QUERER** and **PONER**

El niño *quiere* pollo.
¿Dónde *pongo* mi gorra?

Present Indicative of **QUERER** and **PONER**

querer—to want		poner—to put, to cause, to become	
quiero	**queremos**	**pongo**	**ponemos**
quieres	**queréis**	**pones**	**ponéis**
quiere	**quieren**	**pone**	**ponen**

Ejercicios

A. Ejercicio de substitución.

1. *El Sr. Domínguez* quiere una cerveza.

    Uds./ ella/ Juan y Pedro/ nosotros/ tú y él

2. *El mesero* pone la leche en la mesa.

    tú/ yo/ Uds./ nosotros/ ellos

3. *Carmen* pone el vestido aquí.

    él/ yo/ tú/ Juanita/ nosotros

4. Pedro no quiere *ir a la boda.*

    cantar con Federico.
    estudiar la lección.
    comer en el restaurante.
    tomar cerveza.
    bailar con Juanita.
    venir a la clase.

B. Conteste.

    1. Afirmativamente:

        ¿Pone Ud. la cerveza en la mesa?
        ¿Ponen Uds.   ?
        ¿Pongo   ?
        ¿Pones   ?
        ¿Ponemos Pedro y yo   ?

    2. Negativamente:

        ¿Quieren Pedro y Luis carne asada?
        ¿Quiere Ud.   ?
        ¿Quieres   ?
        ¿Quieren Uds.   ?
        ¿Quiero   ?

II. **De** plus a noun phrase.

Helado *de* chocolate.

> In Spanish, nouns are not used as adjectives. The preposition *de* plus the noun is used to translate an English noun used as an adjective.
>
>   helado de chocolate = chocolate ice cream

Ejercicios

A. Combine los dos sustantivos (Combine the two nouns) según el modelo.

    Modelo: helado—chocolate   helado de chocolate

                helado—vainilla
                libro—español
                lección—alemán
                clase—francés
                cerveza—barril

B. Cambie las frases al plural, según el modelo.

    Modelo: helado de chocolate   helados de chocolate

                helado de mango
                reloj de oro
                profesor de francés
                estudiante de español
                vestido de novia

III. Idiomatic Use of **TENER**

Tengo mucha hambre.

To express certain physical and mental conditions, Spanish uses the verb *tener* with nouns instead of the English "to be" with adjectives.

The adjective *mucho* is used to describe the noun in this construction.

Tengo *mucha* hambre. = I am *very* hungry.

Vocabulario

tener hambre (fem.) = to be hungry
tener frío (masc.) = to be cold
tener calor masc.) = to be warm
tener razón (fem.) = to be right
tener sed (fem.) = to be thirsty
tener sueño (masc.) = to be sleepy
tener miedo (masc.) = to be afraid
tener _____ años (masc.) = to be _____ years
     de edad   of age

[handwritten margin note: object is a noun]

Ejercicios

A. Ejercicio de substitución.

1. Yo tengo mucha *hambre.*

   miedo/ sed/ calor/ frío/ razón

2. *Juanita* tiene mucho sueño.

   yo/ tú/ nosotros/ tus padres/ Uds.

B. Conteste según el modelo.

Modelo: ¿Tiene Ud. sed?   Sí, tengo mucha sed.

1. ¿Tiene Ud. frío?
   ¿Tienen Uds. calor?
   ¿Tienes hambre?
   ¿Tenemos miedo Carmen y yo?

Modelo: ¿Tiene Juan razón?   Sí, Juan siempre tiene razón.

2. ¿Tienen Uds. razón?
   ¿Tengo   ?
   ¿Tiene Ud.   ?
   ¿Tenemos tú y yo ?

Modelo: ¿Cuántos años tienes?   Tengo _____ años.

3. ¿Cuántos años tiene Ud?

How old are you

¿   su hermana?

¿   Juan? (20)

¿   Carmen? (19)

¿   Juanito? (7)

Diálogo para memorizar

MESERO: ¿Qué desean Uds.?

FEDERICO: Quiero carne asada, por favor.

PEDRO: Yo quiero un helado de mango.

FEDERICO: ¿No tienes hambre?

PEDRO: Sí, pero no tengo mucha.

FEDERICO Y PEDRO: (al mesero) Y, ¿dónde ponemos las chaquetas?

MESERO: Ahí, en la percha.

PREGUNTAS

A. Según el diálogo para conversación:

1. ¿Dónde está la familia Domínguez?

2. ¿Cuántos hay en la familia?

3. ¿Qué pregunta Juanito?

4. ¿Qué contesta su mamá?

5. ¿Tiene frío la Sra. Domínguez?

6. ¿Tiene calor el Sr. Domínguez?

7. ¿Tiene sueño el niño?

8. ¿Pone el niño nervioso a su papá?

9. ¿Por qué está enojado el papá?

10. ¿Quién viene a servir?

11. ¿Qué pregunta el mesero?

12. ¿Qué quiere comer la señora?

13. ¿Qué quiere comer el señor?

14. ¿Qué quiere el niño?

15. Pero, ¿qué va a comer el niño?

B. Generales:

1. ¿Tiene Ud. hambre ahora?

2. ¿Tienen Uds. sueño en clase?

3. ¿Pone Ud. nervioso a su papá? ¿a su mamá? ¿a su profesor(a)?

4. ¿Qué tomas cuando vas a un restaurante?

5. ¿Quiere Ud. tomar algo (something) ahora?

6. Cuando tienes hambre, ¿qué haces? (What do you do?)

7. ¿Tienen Uds. frío?

8. ¿Tienen Uds. sueño después de (after) comer?

9. ¿A qué hora cenan Uds. en casa?

10. ¿Siempre tienen razón sus padres? ¿sus amigos? ¿su novio (a)? ¿su esposo (a)?

11. Cuándo Ud. tiene sed, ¿qué hace?

12. ¿Bebe Ud. leche? ¿café? ¿cerveza?

13. ¿Quién prepara las comidas en su casa?

14. ¿Come Ud. mucho?

15. ¿Tiene Ud. miedo de los exámenes?

Vocabulario

la alcancía—money box
el año—year
   asado, -a—roasted
el barril—barrel
   bueno, -a—good
el cabrito—kid, young goat
el calor—warmth, heat
   cocido, -a—boiled
   contestar—to answer
la chaqueta—jacket
el chicharrón—crackling
el chocolate—chocolate
el chorizo—sausage
   desear—to desire, wish, want
el día—day
la edad—age
   enojado, -a—angry
el examen—exam, test
la familia—family
el favor—favor
el frío—cold
la gorra—cap
   gritar—to shout, yell
el hambre—hunger
el helado—ice cream

el horno—oven
   Juanito—Johnny
la leche—milk
   luego—then, later
la mamá—mama, mom
el mango—mango
el mesero—waiter
el miedo—fear
   nervioso, -a—nervous
el niño—child
el papá—papa, dad
la papa—potato
la percha—clothes rack
el pollo—chicken
   poner—to put
   preguntar—to ask (a question)
   querer—to want, love
la razón—right, reason
el restaurante—restaurant
la sed—thirst
los señores—Mr. and Mrs.
   servir—to serve
   siempre—always
el sueño—dream, sleepiness
la vainilla—vanilla

Modismos

cabrito al horno—baked kid

ACTIVIDADES

Prepare a dialogue with another student in the class. One person will act as the waiter (waitress) and the other will be a customer. Choose one of the following situations:

1. Ask for breakfast
2. Ask for lunch
3. Ask for dinner

Vocabulario

el huevo—egg
el jamón—ham
el jugo—juice
la naranja—orange
el pan—bread
el pastel—pie, cake

el pescado—fish
el refresco—refreshment, soft drink
el té—tea
el tocino—bacon
    tostado, -a—toasted

Lección VIII
EN UNA FIESTA

Diálogo para conversación

(Juanita y Roger están en una fiesta. Hay unos setenta invitados. Están charlando cuando Julián entra con una señora y una joven.)

JUANITA: ¡Qué guapa señora! ¿Quién es?

ROGER: Es la mamá de Julián.

JUANITA: ¡Su mamá! ¡Qué joven! ¿Cómo sabes?

ROGER: Porque conozco a la familia.

JUANITA: Y entonces, ¿la joven es Lupe, la prima de Julián?

ROGER: Exactamente. Y sobrina de la mamá de Julián. Es guapísima. Yo sé un poema:

"Aunque huir de ella intento,
no sé lo que me pasa,
porque yo voy donde me lleva el viento,
y el viento siempre sopla hacia su casa."[1]

JUANITA: ¡Vaya catedrático! Yo también conozco esa "humorada" y sé quién es el autor.

ROGER: Pues ¡qué sabia! ¿Qué más sabes?

JUANITA: Entre otras cosas, sé que Lupe es casada.

At a Party

(Juanita and Roger are at a party. There are some seventy guests. They are chatting when Julian enters with a lady and a young girl.)

JUANITA: What a good looking woman! Who is she?
ROGER: She is Julian's mother.
JUANITA: His mother? How young she is! How do you know?

1. Cultural Note: In Spanish-speaking countries, people celebrate their "Saint's Day." According to the Catholic church, days of the year are assigned to celebrate the memory of one or more saints. For example, August 29th is devoted to Saint John the Baptist. Some men whose names are John celebrate their "Saint's Day" on that date.

ROGER: Because I know the family.
JUANITA: Then the young girl is Lupe, Julian's cousin?
ROGER: Exactly. And the niece of Julian's mother. She is very good looking. I know a poem:
    "Even if I try to run away from her,
    I don't know what happens to me
    because I go where the wind takes me
    and the wind always blows toward her house."
JUANITA: What an egghead! I also know the poem and I know who the author is.
ROGER: Well, how wise you are! What else do you know?
JUANITA: Among other things, I know that Lupe is married.

I. Verbs SABER and CONOCER.

Yo *sé* un poema.
Conozco a su familia.

Present Indicative of SABER and CONOCER

saber—to know

		conocer—to know	
sé	sabemos	conozco	conocemos
sabes	sabéis	conoces	conocéis
sabe	saben	conoce	conocen

The verbs *saber* and *conocer* both mean "to know." However, their usage differs. *Saber* means to know a fact, to know something thoroughly and, when used with an infinitive, to know how to do something. *Conocer* means to be acquainted or familiar with a person, place or thing.

Ejercicios

A. Ejercicio de substitución.

1. ¿Sabe *Ud.* la lección de hoy?

    Juan/ María y yo/ ellos/ tú/ Ana y Pedro

2. *Juanita* conoce a su primo.

    yo/ nosotros/ tú/ él/ ellos/ Ud.

3. *Juanita* sabe que Lupe es casada.

    ellos/ tú/ nosotros/ él/ yo/ Uds.

4. *Yo* también conozco el poema.

    Juan/ ellos/ tú/ Uds./ tú y yo/ él

5. *Federico* sabe cantar bien.

nosotros/ tú/ yo/ Uds./ él

B. Dígame Ud., dime(tú.) (Tell me.)

Modelo: que Ud. conoce a Juan.   Yo conozco a Juan.

1. que Ud. conoce a mi prima.
2. que Uds. saben la lección.
3. que tú conoces el dicho. *said saying, proverb*
4. que Uds. saben quién es el autor.
5. que Uds. conocen Nueva York.
6. que tú sabes que Lupe es casada.
7. que Ud. conoce al profesor.
8. que tú sabes hablar español.

C. Pregúnteme Ud. (Ask me.)

Modelo: si yo conozco a Juan.   ¿Conoce Ud. a Juan?

1. si yo conozco el poema.
2. si yo sé hablar francés.
3. si nosotros conocemos a los novios.
4. si nosotros sabemos la lección.
5. si yo conozco a su hermano.
6. si nosotros conocemos Madrid.
7. si yo sé dónde está Mancha.
8. si nosotros sabemos qué es Federico.

II. The Present Participle and the Progressive Form.

Juanita y Roger *están charlando.*

doing right now

The Present Participle   *estar*

To form the present participle, add *-ando* to the stem of *-ar* verbs and *-iendo* to the stem of *-er* and *-ir* verbs.

hablar	habl**ando**—speaking
comer	com**iendo**—eating
vivir	viv**iendo**—living

The Progressive Form

The verb *estar* followed by the present participle is used to form the progressive tense.

Juanita y Roger *están charlando.*

Ejercicios

A. Ejercicio de substitución.

1. *Federico* está mirando la televisión.

    yo/ ellos/ tú/ María y Carmen/ nosotros

2. *Nosotros* estamos buscando a Mancha.

    ellas/ tú y Carmen/ yo/ ella/ Uds.

3. *Luis* está mirando a Lupe.

    yo/ nosotros/ tú/ ella/ Juan y Carmen

B. Repita y cambie según el modelo. (Repeat and change according to the model.)

Modelo: Preparo la lección de español.
           Estoy preparando la lección de español.

1. Isabel y María cantan.
2. Margarita observa a una pareja.
3. ¿Charlas con Juan?
4. ¿Qué comes?
5. ¿Habla Ud. con Pedro?
6. Ellos trabajan mucho.
7. Sus padres gastan mucho dinero.
8. Yo platico con Juanita.
9. ¿Vives tú en San Francisco?
10. Julián toma una copa.
11. ¿Por que no bailas?
12. Estudian en la biblioteca.
13. Yo pongo el libro en la mesa.
14. Juanito bebe un vaso de leche.
15. Celebramos el matrimonio civil.

III. Cardinal Numbers.

Cardinal Numbers 31 to 100			
31	**treinta y uno**	80	**ochenta**
40	**cuarenta**	90	**noventa**
50	**cincuenta**	100	**cien**
60	**sesenta**	101	**ciento uno**
70	**setenta**	102	**ciento dos,** etc.

Ejercicio

Diga en español.

39 gorras	41 hombres	51 poemas	67 catedráticos
99 vestidos	71 fiestas	83 palabras	100 banquetes
31 helados	55 vasos	100 invitados	77 copas

Diálogo para memorizar

JULIÁN: ¿Qué estás haciendo, Lupe?

LUPE: Estoy observando a una pareja que está allí.

JULIÁN: Yo conozco a la muchacha. Es Juanita Rodríguez. También conozco al muchacho. Es Roger Smith.

LUPE: Son buenas personas.

JULIÁN: ¿Cómo sabes?

LUPE: Porque son mis amigos.

PREGUNTAS

A. Sobre el diálogo para conversación:

   1. ¿Dónde están Juanita y Roger?

   2. ¿Cuántas personas hay en la fiesta?

   3. ¿Qué hacen Juanita y Roger?

   4. ¿Quién entra?

   5. ¿Cómo es la señora?

   6. ¿A quién conoce Roger?

   7. ¿Es Lupe la hermana de Julián?

   8. ¿Cómo es Lupe?

   9. ¿Qué sabe Roger?

  10. ¿Conoce Roger a la mamá de Julián?

  11. ¿Qué sabe Juanita?

  12. ¿Conoce Juanita a Lupe?

  13. ¿Conoce Lupe a Julián?

  14. ¿Qué más sabe Juanita?

  15. ¿A quién conoce Julián?

B. Generales:

   1. ¿Sabe Ud. siempre la lección?

   2. ¿Conoce Ud. a todos los muchachos (a todas las muchachas) de la clase?

   3. ¿Saben Uds. poemas en español?

4. ¿Conoce Ud. a Juanita Fonda?

5. ¿Qué es el hijo de su tío? (¿la hija de su tío?) *uncle*

6. ¿Qué es la mamá de su esposa (esposo)?

7. ¿Va Ud. a muchas fiestas?

8. ¿Cuántas personas vienen a sus fiestas?

9. ¿Qué está Ud. haciendo?

10. ¿Es Ud. casado (casada)?

11. ¿Está Ud. trabajando o descansando?

12. ¿Está Ud. hablando en español o en inglés?

13. ¿Están ustedes cantando?

14. ¿Cuántas personas hay en la clase?

15. ¿Cuántos son cuarenta más cuarenta menos dos?

1. Cultural Note

Poetry is very much a part of everyday life in the Spanish world. People often quote poems that relate to some point in their conversation.

Roger is making light fun of this custom and also showing off his erudition. The poem is one of the "humoradas" of Ramón de Campoamor (1817–1901), a Spanish writer. The "humoradas" were short, light pieces, meant more as witty word games than real poems.

Vocabulario

aunque—although
el autor—author
casado, -a—married
el catedrático—egghead
conocer—to know, be acquainted or familiar with
la copa—drink, stemmed glass
la cosa—thing
charlar—to chat
descansar—to rest
entre—between, among
esposa—wife
esposo—husband
exactamente—exactly
hacia—toward
el hijo—son, child
huir—to flee
la humorada—witticism, witty remark
intentar—to try
el invitado—guest

lo que—what, that which
llevar—to take, carry; wear
Nueva York—New York
observar—to observe, watch
otro, -a—other, another
la pareja—couple
pasar—to happen, occur; to pass, spend (time)
la persona—person
platicar—to converse, chat, talk
el poema—poem
el primo—cousin
saber—to know, know how
sabio, -a—wise
el sobrino—nephew
soplar—to blow
¡vaya!—what, go on
el viento—wind

Lección IX
VIAJE A LA ARGENTINA

Diálogo para conversación

(Federico está en su casa haciendo sus maletas cuando Luis entra.)

LUIS: ¿Qué estás haciendo, hombre?

FEDERICO: Hago mis maletas y bebo mate, como puedes ver.

LUIS: Pero apenas es lunes. Sales el viernes, ¿no?

FEDERICO: No. No hay vuelo el viernes. Ahora dicen que salgo pasado mañana.

LUIS: Entonces sales el 5 de junio.

FEDERICO: A las cinco en punto de la tarde.

LUIS: (Saca de la maleta las cosas que Federico tiene ahí.) Un suéter pesado, pantalones de lana, patines de hielo. ¿¡Estás loco!? Estamos en verano.

FEDERICO: ¡Qué inculto eres! En la Tierra del Fuego están en invierno en esta época.

LUIS: ¿Quién dice?

FEDERICO: Yo digo. Y vas a necesitar tu traje de baño si vas a Buenos Aires en diciembre.

Journey to Argentina

(Federico is at home packing when Luis enters.)

LUIS: What are you doing?

FEDERICO: I am packing and drinking *mate* as you can see.

LUIS: But it is just Monday. You are leaving on Friday, aren't you?

FEDERICO: No. There's no flight on Friday. Now they say that I am leaving day after tomorrow.

LUIS: Then you are leaving on the fifth of June.

FEDERICO: At five o'clock sharp.

LUIS: (He takes out from the suitcase the things that Federico has there.)
A heavy sweater, woolen trousers, ice skates. Are you crazy?! It's summer.

61

FEDERICO: How ignorant you are! In Tierra del Fuego it is winter at this time.
LUIS: Who says so?
FEDERICO: I say so. And you are going to need your bathing suit if you are going to Buenos Aires
in December.

I. Verbs **SALIR, DECIR, HACER, PODER**

Salgo pasado mañana.
Hago mis maletas.
Dicen que salgo pasado mañana.
Como *puedes* ver.

Present Indicative of
SALIR, DECIR, HACER, PODER

salir—to leave, to go out		decir—to say, tell	
salgo	**salimos**	**digo**	**decimos**
sales	**salís**	**dices**	**decís**
sale	**salen**	**dice**	**dicen**
hacer—to do, make		poder—to be able, can	
hago	**hacemos**	**puedo**	**podemos**
haces	**hacéis**	**puedes**	**podéis**
hace	**hacen**	**puede**	**pueden**

Ejercicios

A. Ejercicio de substitución.

1. *Pepe* sale el miércoles.

   mis amigos/ Ana y yo/ tú/ Uds./ yo

2. *Luis* hace las maletas.

   yo/ María/ mis padres/ tú/ tú y yo

3. *Ana* siempre dice la verdad.

   tú/ María y Ana/ el profesor/ yo/ nosotros

4. *Yo* no puedo viajar este verano.

   mis padres/ Rafael/ tú/ Ud./ Elena y yo

B. Dígame usted, dime(tú.)

   Modelo: que Ud. puede ir.   Yo puedo ir.

   1. que Ud. sale el lunes.
   2. que Ud. hace las maletas.

3. que tú sales en mayo.
4. que Uds. pueden venir el martes.
5. que tú bebes mate.
6. que Uds. siempre dicen la verdad.
7. que nosotros salimos en junio.
8. que Uds. salen a las dos.

C. Pregúnteme Ud.

Modelo: si yo conozco la Argentina.   ¿Conoce Ud. la Argentina?

1. si yo hago las maletas.
2. qué digo.
3. cuándo salgo de la clase.
4. qué vamos a hacer mañana.
5. si yo puedo bailar la salsa.
6. si nosotros bebemos mate.
7. si yo puedo ir en enero.
8. si canto y bailo en clase.

II. The days of the week, the months and the seasons.

Days of the Week

lunes = Monday	**jueves** = Thursday
martes = Tuesday	**viernes** = Friday
miércoles = Wednesday	**sábado** = Saturday
	domingo = Sunday

The days of the week are masculine and the definite article is used with them, except after *ser*. They are not capitalized. To translate "on" with the day or days of the week, Spanish uses the definite article.

Sales *el* miércoles. = You leave *on* Wednesday.
Apenas es lunes. = It's just Monday.

Lunes, martes, miércoles, jueves, and *viernes* are the same in the singular and plural forms. Only the article changes.

el lunes—los lunes
el viernes—los viernes

Since *sábado* and *domingo* end in "-o," an "s" is added to form the plural.

el sábado—los sábados

Bailamos los sábados y los domingos.
(We dance on Saturdays and Sundays.)

The Months and Seasons

enero = January   **julio** = July
febrero = February   **agosto** = August
marzo = March   **septiembre** = September
abril = April   **octubre** = October
mayo = May   **noviembre** = November
junio = June   **diciembre** = December

la primavera = spring   el otoño = autumn
el verano = summer   el invierno = winter

The months of the year are not capitalized and the definite article is not used. The definite article is generally used with the seasons; it is, however, usually omitted after *ser,* and often after *en.*

La primavera es agradable = Spring is pleasant.
Estamos en verano = It's summer.

Ejercicios

A. Conteste según el modelo.

  1. Modelo: ¿Sales el lunes?   No, salgo el martes.

     ¿Sales el viernes?
     ¿   domingo?
     ¿   miércoles?
     ¿   sábado?
     ¿   martes?
     ¿   jueves?

  2. Modelo: ¿Qué mes viene después de abril?
                   Mayo viene después de abril.

     ¿Qué mes viene después de junio?
     ¿   diciembre?
     ¿   noviembre?
     ¿   julio?
     ¿   marzo?
     ¿   septiembre?
     ¿   febrero?
     ¿   mayo?

  3. Modelo: ¿Qué mes viene antes de abril?
                   Marzo viene antes de abril

¿Qué mes viene antes de enero?
¿   febrero?
¿   octubre?
¿   marzo?
¿   mayo?
¿   agosto?
¿   junio?
¿   diciembre?

B. Substituya (Substitute) con la estación del año correspondiente:

(Los meses de la primavera: marzo, abril y mayo; del verano: junio, julio y agosto; del otoño: septiembre, octubre y noviembre; del invierno: diciembre, enero y febrero.)

Mayo es un mes de _____ .

enero/ junio/ abril/ octubre/ diciembre/ marzo/ septiembre/ febrero/ agosto/ julio/ noviembre.

¿En qué estación estamos?

Diálogo para memorizar

FEDERICO: Por fin estamos en el aeropuerto. Salgo en diez minutos. (Saca su boleto.)
LUIS: ¿Qué haces? A ver. Tu boleto dice: bueno para el miércoles, 5 de junio.
FEDERICO: ¡Cuánta gente!
LUIS: Claro. Estamos en verano. ¿Tienes todos tus papeles?
FEDERICO: Sí. Aquí tengo cheques de viajero, una novela, el boleto . . .
(palidece) NO. NO PUEDE SER . . . no tengo mi pasaporte.

PREGUNTAS

A. Según el diálogo para conversación:

1. ¿Son amigos Federico y Luis?

2. ¿Qué está haciendo Federico?

3. ¿Qué bebe Federico?

4. ¿Qué día es hoy? (en el diálogo)

5. ¿Por qué no sale Federico el viernes?

6. ¿Cuándo va a salir él?

7. ¿A qué hora?

8. ¿Qué hace Luis?

9. ¿Qué hay en la maleta?

10. ¿En qué estación estamos? (en el diálogo)

11. ¿Por qué dice Luis que Federico está loco?

12. ¿Por qué dice Federico que Luis es inculto?

13. ¿A dónde va Federico?

14. ¿En qué estación están en la Tierra del Fuego?

15. Si Luis va a la Argentina en diciembre, ¿qué necesita llevar?

B. Preguntas personales:

1. ¿Hace Ud. muchos viajes?

2. ¿Vas a viajar en el verano?

3. ¿Cuándo hace Ud. las maletas?

4. ¿En que estación viaja Ud.?

5. ¿Cómo viaja Ud.? (en avión, en tren, en autobús, en coche)

6. ¿Cuándo es su cumpleaños?

7. ¿Qué día es hoy?

8. ¿Qué día es mañana?

9. ¿Qué día es pasado mañana?

10. ¿En qué estación estamos ahora?

11. ¿Qué hace Ud. los domingos?

12. Si hoy es miércoles, ¿qué día es pasado mañana?

13. Si hoy es sábado, ¿qué día es mañana?

14. Si pasado mañana es sábado, ¿qué día es hoy?

15. Si mañana es martes, ¿qué día es hoy?

Vocabulario

el aeropuerto—airport
agradable—pleasant, nice
antes de—before
apenas—hardly, just
el avión—airplane
el baño—bath
el boleto—ticket
cuando—when
el cumpleaños—birthday
el cheque—check
decir—to say, tell
después de—after
Elena—Elaine, Helen
la época—time, epoch
esta—this
la estación—season, station
el fin—end
la gente—people
el hielo—ice
inculto, -a—ignorant
la lana—wool
loco, -a—crazy, mad
la maleta—suitcase, baggage
el mate—mate (tea-type drink)
el mes—month

el minuto—minute
necesitar—to need
la novela—novel
palidecer—to pale, turn pale
los pantalones—pants, trousers
el papel—paper
pasado, -a—past
el pasaporte—passport
los patines—skates
pesado, -a—heavy
poder—to be able, can
Rafael—Ralph
sacar—to take out, remove
salir—to leave, go out
la salsa—dance; sauce
la semana—week
si—if
el suéter—sweater
el tren—train
ver—to see
viajar—to travel
el viaje—trip
el viajero—traveler
el vuelo—flight

Modismos

a ver—let's see
de viaje—on a trip
en punto—exactly, on the dot

pasado mañana—day after tomorrow
por fin—at last, finally
traje de baño—bathing suit

ACTIVIDAD

Prepare an agenda of your activities for next week.

Example: Visitar a mis amigos
Estudiar para el examen
Ir al aeropuerto

JUNIO

DOMINGO	LUNES	MARTES	MIERCOLES	JUEVES	VIERNES	SABADO
1	2	3	4	5	6	7
8	9	10	11	12	13	14
15	16	17	18	19	20	21
22	23	24	25	26	27	28
29	30					

Lección X
BUSCANDO HABITACIÓN

Diálogo para conversación

(El Sr. Domínguez, un turista, habla con el empleado de un hotel.)

Sr. Domínguez: Quiero un cuarto de diez dólares para cuatro personas. Pienso estar aquí tres días.

Empleado: Pues, señor, no hay cuartos de diez dólares.

Sr. Domínguez: Este es su anuncio, ¿no? (Saca de su cartera un anuncio arrugado y amarillento.) "Hotel Prince, $10.00 por cuarto.

Empleado: ¡Señor! ¡Ese anuncio es de la Primera Guerra Mundial!

Sr. Domínguez: ¡Eso es imposible! Bueno, ¿cuánto cuesta ahora?

Empleado: El cuarto más barato cuesta noventa dólares por persona, con las tres comidas.

Sr. Domínguez: Ah, pues aun así es demasiado caro. ¡Qué abuso! ¡No vuelvo a esta ciudad!

Empleado: Bueno, señor, hay otra manera más barata de pasar la noche.

Sr. Domínguez: ¿Cómo?

Empleado: En una banca de la alameda. O en cuatro bancas, posiblemente, para toda la familia. Bancas gemelas.

Looking for a Room

(Mr. Domínguez, a tourist, talks to a hotel clerk.)

Mr. Domínguez: I want a $10.00 room for four persons. I am planning to be here three days.

Clerk: Well, Sir, there are no $10.00 rooms.

Mr. Domínguez: This is your advertisement, isn't it? (He takes a wrinkled, yellowish ad out of his pocket.) "Hotel Prince, $10.00 per room.

Clerk: Sir, that ad is from World War I!

MR. DOMÍNGUEZ: That's impossible. Well, how much does it cost now?

CLERK: The cheapest costs $90.00 per person, with three meals.

MR. DOMÍNGUEZ: Oh, even that way is too expensive. That's taking advantage! I won't come back to this city.

CLERK: Well, Sir, there's a cheaper way of spending the night.

MR. DOMÍNGUEZ: How?

CLERK: On a bench in the park. Or on four benches, possibly, for the whole family. Twin benches.

I. Verbs **PENSAR** and **VOLVER**

Pienso estar aquí tres días.
No *vuelvo* a esta ciudad.

Present Indicative of Stem Changing Verbs

PENSAR—to think   **VOLVER**—to return

pienso	pensamos	**vue**lvo	volvemos
piensas	pensáis	**vue**lves	volvéis
piensa	**pie**nsan	**vue**lve	**vue**lven

Verbs of this group will be listed in the vocabulary with (ie) and (ue) in parenthesis.

Ejercicios

A. Ejercicio de substitución:

1. *Juan* vuelve a casa temprano.

   nosotros/ Carmen y Ana/ tú/ yo/ Ud.

2. *Mis amigos* piensan hacer un viaje.

   tú/ María y Juan/ Uds./ él y yo/ Juan/ ellos

3. *Juan* piensa en Carmen.

   tú/ ellos/ yo/ Ud./ nosotros

4. *Yo* vuelvo de la escuela a las cinco.

   Luis/ ellos/ tú/ Ud./ nosotros

B. Conteste.

1. ¿Vuelven Uds. a ese hotel?
   ¿Vuelves   ?
   ¿Volvemos Juan y yo   ?
   ¿Vuelvo   ?
   ¿Vuelve Ud.   ?

2. ¿Piensa Ud. en el examen?
   ¿Piensan Uds.   ?
   ¿Pienso   ?
   ¿Piensas   ?
   ¿Pensamos   ?

II. Demonstrative Adjectives

Ese anuncio es de la Primera Guerra Mundial.
Este cuarto es más barato.

Masculine	Feminine	
	Singular	
este	**esta**	this
ese	**esa**	that (near you)
aquel	**aquella**	that (over there)
	Plural	
estos	**estas**	these
esos	**esas**	those (near you)
aquellos	**aquellas**	those (over there)

Demonstrative adjectives agree in number and gender with the nouns they describe.

ese anuncio   esta familia

Ejercicio

Ejercicio de substitución:

1. este *libro*

   perro/ fiestas/ hotel/ cuartos/ banca/ tarde/
   país/ anuncio/ ciudad/ restaurante/ niños

2. ese *señor*

   familia/ muchachos/ poetas/ escuela/ vasos/
   día/ boda/ muchacha/ vestido

3. aquella *casa*

   países/ parque/ tiempo/ mesa/ señores/ alameda
   meseros/ maleta/ noche/ patines/ coche/ ciudades

III. Demonstrative Pronouns

Este es su anuncio.
Eso está muy bien.

The demonstrative pronouns have the same form as the demonstrative adjectives, except that they have a written accent.

este hotel y **ése**	(this hotel and that one)
esa banca y **aquélla**	(that bench and that one over there)

Ejercicio

Conteste las preguntas, siguiendo el modelo:

Modelo: ¿Qué blusa quieres comprar? ¿Ésta? No, quiero comprar ésa.

1. ¿Qué vestido puedes prestarme? ¿Ése?
2. ¿Qué lección vas a estudiar? ¿Ésta?
3. ¿Qué traje vas a comprar? ¿Éste?
4. ¿Qué vinos quieres? ¿Éstos?
5. ¿Qué canciones vas a cantar? ¿Éstas?

Diálogo para memorizar

Sr. Domínguez: ¿Tiene Ud. cuartos libres?

Empleado: De momento, no.

Sr. Domínguez: ¡Qué lástima! Porque sé que éste es un hotel bueno.

Empleado: ¿Cuántos días piensan estar aquí?

Sr. Domínguez: Unos tres días.

Empleado: (Consultando su registro) ¡Ah! Las personas de ese cuarto (señala hacia el final del pasillo) salen a las dos.

Sr. Domínguez: Pues eso está muy bien. Vuelvo a las dos.

PREGUNTAS

A. Sobre el diálogo para conversación:

1. ¿Qué es el señor Domínguez?
2. ¿Cuántos cuartos quiere el Sr. Domínguez?
3. ¿Para cuántas personas quiere el cuarto?
4. ¿Cuánto quiere pagar?
5. ¿Cuántos días piensa estar allí?
6. ¿Qué saca de su cartera?
7. ¿Cómo está el anuncio?
8. ¿De cuándo es el anuncio?
9. ¿Hay cuartos de diez dólares en el hotel?
10. ¿Cuánto cuestan los cuartos ahora?
11. ¿Hay restaurante en el hotel?
12. ¿Qué piensa el Sr. Domínguez de los cuartos?
13. ¿Piensa volver el Sr. Domínguez a esa ciudad?
14. ¿Hay otra manera más barata de pasar la noche?
15. ¿Cuántas bancas van a necesitar el Sr. Domínguez y su familia?

B. Generales:

1. ¿Qué pregunta Ud. cuando llega a un hotel?
2. ¿Cuántos son en su familia?
3. ¿Viaja Ud. con su familia?
4. ¿Qué piensa Ud. hacer durante las vacaciones?
5. ¿Puede Ud. pagar hoteles caros?
6. ¿Cuánto cuestan los cuartos de un hotel bueno en esta ciudad?
7. ¿Lee Ud. los anuncios de los periódicos?
8. ¿Cree Ud. en los anuncios?
9. ¿A qué hora vuelve Ud. a casa por la tarde?
10. ¿Vuelven Uds. a la escuela por la noche?
11. ¿Pueden Uds. pensar en español?
12. ¿Está Ud. libre mañana? ¿Esta noche? ¿Hoy?
13. ¿Qué piensa Ud. hacer este verano?
14. ¿A dónde quiere Ud. ir?
15. ¿Quiere Ud. viajar en avión o en coche?

Vocabulario

el abuso—abuse, injustice
la alameda—park
   amarillento, -a—yellowish
el anuncio—ad(vertisement)
   arrugado, -a—wrinkled
   aun—even
la banca—bench
   barato, -a—cheap, inexpensive
la blusa—blouse
   caro, -a—expensive
la cartera—wallet, purse
la ciudad—city
   consultar— to consult
   costar (ue)—to cost
   creer—to believe
   demasiado—too, too much
el dólar—dollar
   durante—during
el empleado—employee
el final—end
   gemelo, -a—twin
la guerra—war

la habitación—room
el hotel—hotel
   imposible—impossible
   leer—to read
   libre—free, unoccupied
   llegar—to arrive
la manera—manner, way
el momento—moment
   mundial—world-wide
   pagar—to pay
el pasillo—corridor, passageway
   pensar (ie)—to think
el periódico—newspaper
el poeta—poet
   posiblemente—possibly
   prestar—to lend, loan
   registro—register
   señalar—to point out
el turista—tourist
las vacaciones—vacation
el vino—wine
   volver (ue)—to return, come back

Modismos

de momento—right now, for the time being
hacer un viaje—to take a trip
pensar en—to think about

ACTIVIDADES

Prepare a dialogue with another student in the class. One person will act as the hotel clerk and the other will be the customer. Choose one of the following situations:

1. You ask the clerk for a room, it is available and the clerk gives the key to you.

2. You ask for a room, it is not available, but the clerk says there might be one available later.

3. There is a room available, but it is too expensive for you. You don't want to say that, so you say that the room does not have the view you want, or does not have the services you want, etc.

Use *only* vocabulary and constructions you have already learned.

Vocabulario

el botones—bellhop, bellboy
el castillo—castle
  cerca de—near
  continental—continental
  doble—double
el equipaje—baggage, luggage
la frontera—border, frontier
el huésped—guest, lodger
el jardín—garden

limpiar—to clean
la llave—key
el parador—inn, hostelry, motel
la piscina—swimming pool
la propina—tip
la recepcionista—receptionist
  rodeado, -a—surrounded
el servicio—service
la vista—view, sight

Este es el Parador Hernán Cortés en Zafra (Badajoz). Es un hermoso castillo, rodeado de jardines. Está entre Sevilla y Cáceres (España), cerca de la frontera con Portugal.
Picture courtesy of Spanish Tourist Office.

Lección XI

LO TUYO ES MÍO
LO MÍO NO ES TUYO

Diálogo para conversación

SRA. ALVÍREZ: (Enojada) ¡Rosita! ¿Por qué llevas ese abrigo mío?

ROSITA: Pues, mamá . . . hace frío.

SRA. ALVÍREZ: ¡Y traes los zapatos míos, el bolso mío, las medias mías!

ROSITA: Nuestros zapatos, nuestro bolso, nuestras medias. Tú sabes que lo tuyo es mío.

SRA. ALVÍREZ: ¿Quién dice?

ROSITA: Todo el mundo.

SRA. ALVÍREZ: (Menos enojada) Vas a salir con Federico, ¿verdad?

ROSITA: No, porque hace mucho viento. El viene aquí con unos amigos.

SRA. ALVÍREZ: Excelente. Así puedo usar tu coche. El mío está en el taller.

ROSITA: ¡Ah, no! ¡Eso sí no y no! El coche es algo muy íntimo, muy personal, como el cepillo de dientes, mamá.

What's Yours Is Mine
What's Mine Is Not Yours

MRS. ALVÍREZ: (Angry) Rosita! Why are you wearing *MY* coat?
ROSITA: Well, Mother, . . . it's cold.
MRS. ALVÍREZ: And you're wearing *MY* shoes, *MY* purse, *MY* stockings!
ROSITA: Our shoes, our purse, our stockings.
MRS. ALVÍREZ: Who says so?
ROSITA: Everyone.
MRS. ALVÍREZ: (Less angry) You're going out with Federico, aren't you?

ROSITA: No, because it's very windy. He is coming here with some friends.

MRS. ALVÍREZ: Excellent. Then I can use your car. Mine is in the shop.

ROSITA: Oh, no! Positively not! The car is something very intimate, very personal, like a toothbrush, Mother.

I. Verb **TRAER**

Traes los zapatos míos.

Present Indicative of **TRAER**—to bring

traigo	traemos
traes	traéis
trae	traen

Ejercicios

A. Ejercicio de substitución:

    1. *Federico* trae los periódicos.

        Ud./ tú/ Rosita y yo/ Rosita y Federico

    2. ¿Por qué no trae *Juan* los abrigos?

        él y yo/ Uds./ Ud./ ella/ el mesero

B. Conteste.

    1. ¿Trae Ud. el coche a la escuela?
       ¿Traigo yo   ?
       ¿Traen Uds.   ?
       ¿Traes   ?
       ¿Traemos Federico y yo ?

II. Long Possessive Adjectives

Ese abrigo *mío*.
Las medias *mías*.

---
mío, -a, míos, -as	(my, of mine)
tuyo, -a, tuyos, -as	(your, of yours)
suyo, -a, suyos, -as	(his, of his; her, of hers, its, of its)
nuestro, -a, nuestros, -as	(our, of ours)
vuestro, -a, vuestros, -as	(your, of yours)
suyo, -a, suyos, -as	(your, of yours; their, of theirs)

Ejercicios

A. Conteste afirmativamente, según el modelo:

    Modelo: ¿Es tuyo ese abrigo?   Sí, es mío.

    ¿Es tuya esa blusa?
    ¿Es tuyo ese coche?
    ¿Son tuyas esas medias?
    ¿Son tuyos esos abrigos?
    ¿Son tuyas esas blusas?
    ¿Es tuyo ese bolso?

B. Conteste negativamente, según el modelo:

    Modelo: ¿Son suyos esos coches?   No, no son míos.

    ¿Son suyos esos pantalones?
    ¿Son suyas esas maletas?
    ¿Es suyo ese suéter?
    ¿Es suya esa blusa?
    ¿Es suya esa casa?
    ¿Son suyas esas medias?
    ¿Son suyos esos patines?

III. Possessive Pronouns

    Tu abrigo y *el mío.*

    Possessive pronouns have the same form as the possessive adjectives. They are regularly accompanied by the definite article, and both the pronoun and the article agree with the thing possessed.

Ejercicios

A. Conteste según el modelo:

    Modelo: ¿Es suyo este abrigo?   No, *el mío* está en el comedor.

    ¿Es suyo este sombrero?
    ¿Es suya esta maleta?
    ¿Es suya esta blusa?
    ¿Es suyo este suéter?
    ¿Son suyos estos patines?
    ¿Son suyas estas medias?
    ¿Son suyos estos pantalones?
    ¿Son suyas estas camisas?

B. Modelo: ¿Tiene Ud. mi sombrero?   No, Rosita tiene *el tuyo.*

¿Tiene Ud. mis patines?
¿Tiene Ud. mi dinero?
¿Tiene Ud. mis calcetines?
¿Tiene Ud. mis medias?
¿Tiene Ud. mi camisa?
¿Tiene Ud. mi suéter?
¿Tiene Ud. mis maletas?

IV. Neuter **LO.**

Lo importante es el precio.

The neuter article *lo* is used with masculine singular adjectives to express a noun in an abstract sense. Words such as "thing" or "part" are used as part of the English translation.

Lo importante = the important thing (or part)

With the possessive pronoun, the neuter *lo* acquires an abstract sense which would translate into "what is . . ."

Lo tuyo = what is yours

Ejercicio

Ejercicio de substitución:

1. Lo *bonito* es no tener que escribir.

    bueno/ importante/ fantástico/ diferente

2. Lo *importante* son los precios.

    razonable/ nuevo/ malo/ triste/ moderno/ bonito

3. Lo *mío* es algo muy personal.

    nuestro/ tuyo/ suyo/ vuestro

V. The Weather.

En la Tierra del Fuego *hace frío* en esta época.

The verb *hacer* is generally used to describe the weather or temperature.

¿Qué tiempo hace?	What is the weather like?
Hace buen (mal) tiempo.	The weather is good (bad).
Hace mucho calor.	It's very hot.
No hace mucho frío.	It's not very cold.
Hace fresco (viento, sol).	It's cool (windy, sunny).

The adjectives *mucho* and *poco* are used to modify *calor, fresco, viento,* and *sol* which are nouns.

Ejercicio

Conteste según el modelo:

1. Modelo: ¿Qué tiempo hace hoy?   Buen tiempo
        Hoy hace buen tiempo.

   mal tiempo/ frío/ fresco/ sol/ viento

2. Modelo: ¿Hace calor?   *Sí, hace mucho calor.*

   ¿Hace frío?
   ¿   viento?
   ¿   sol?
   ¿   fresco?

Diálogo para memorizar

ROSITA: ¡Qué frío hace! Necesito un abrigo nuevo.
MARÍA: Ese que traes es muy bonito.
ROSITA: Sí, pero es muy viejo.
MARÍA: El mío también, pero son tan caros. (Toma uno del perchero.) Este abrigo es muy bonito.
ROSITA: Sí, pero lo malo es el precio.
MARÍA: (Poniendo mala cara) ¿Por qué mejor no compras un poncho?

PREGUNTAS

A. Sobre el diálogo para conversación:

1. ¿Quiénes hablan?
2. ¿Dónde están?
3. ¿Quién es Rosita?
4. ¿Por que está enojada la señora Alvírez?
5. ¿Qué ropa de la Sra. Alvírez lleva Rosita?
6. ¿Por qué usa Rosita la ropa de su mamá?
7. ¿Quién dice eso?
8. ¿Va a salir Rosita con Federico?
9. ¿Por qué no va a salir?
10. ¿Va a salir la Sra. Alvírez?
11. ¿Qué coche quiere usar la Sra. Alvírez?
12. ¿Dónde está el coche de la Sra. Alvírez?
13. ¿Puede usar la Sra. Alvírez el coche de Rosita?
14. ¿Qué tiempo hace?
15. ¿Qué otras cosas son muy personales (según Rosita)?

B. Generales:

1. ¿Lleva Ud. la ropa de sus amigos?
2. ¿Está Ud. enojado (-a) con su amigo (-a)?
3. ¿Usa Ud. el coche de sus padres?
4. ¿Cuándo lleva Ud. su coche al taller?
5. ¿Es viejo su abrigo?
6. ¿Cuándo usa Ud. abrigo?
7. ¿Qué tiempo hace hoy?
8. ¿Viene Ud. a la escuela cuando hace mal tiempo?
9. ¿Cree Ud. que lo barato resulta caro?
10. ¿Son razonables los precios de los talleres?
11. Mi coche está en el taller. ¿Dónde está el tuyo? (—El mío . . .)
12. Tu bolso está en casa. ¿Dónde está el mío?
13. Mis zapatos son negros. ¿De qué color son los suyos?
14. Tus libros están en la mesa? ¿Dónde están los míos?
15. Sus abrigos están aquí. ¿Dónde están los míos?

Vocabulario

el abrigo—(over)coat
algo—something, anything
el bolso—purse, pocketbook
bonito, -a—pretty
la camisa—shirt
la cara—face
el cepillo—brush
el comedor—dining room
el diente—tooth
diferente—different
fantástico, -a—fantastic
el fresco—coolness, freshness
importante—important
íntimo, -a—intimate
mal, malo, -a—bad, poorly
las medias—stockings, hose
mejor—better, best
moderno, -a—modern

nuevo, -a—new
el perchero—clothes hanger
personal—personal
poco, -a—little, a few
el poncho—poncho, cape
el precio—price
razonable—reasonable
resultar—to result, turn out
la ropa—clothes, clothing
el sombrero—hat
el taller—repair shop
tan—so, as
el tiempo—time, weather
traer—to bring, wear
usar—to use, wear
el zapato—shoe

Modismos

tener que + inf.—to have to (do something)
todo el mundo—everybody, everyone

Nunca es tarde para aprender.

Lección XII
TAN SORDO COMO UNA TAPIA

Diálogo para conversación

(Riiing, riiing, riiing. Al sonar el teléfono, Federico y Juan están sentados viendo un partido de fútbol en la televisión.)

JUAN: ¡Federico! ¿No oyes el teléfono?

FEDERICO: (Al ver que su equipo está ganando, grita.) ¡Bueno, estupendo! ¡Buen gol!¹ (Mirando a Juan.) ¿Qué teléfono?

JUAN: ¡Dios mío! De veras estás sordo. (Va a contestar el teléfono. Después de un rato vuelve.) Llaman de El Emporio. Dicen que tienes que pagar noventa dólares antes del fin del mes.

FEDERICO: Lo siento, hermano. No oigo nada. Estoy tan sordo como una tapia.

JUAN: Y creo que también eres tan astuto como una zorra.

FEDERICO: ¿Qué dices?

JUAN: Nada. . . . (El teléfono suena otra vez y Juan va a contestar.) ¿Bueno?²

ROSITA: ¿Puedo hablar con Federico? Habla Rosita Alvírez.

JUAN: ¡Rosita! ¡Qué gusto! Habla Juan. Puedes hablar conmigo.

FEDERICO: ¡UN MOMENTO! ¡Rosita! ¿Habla Rosita? Quiero hablar con ella. (Toma el teléfono.) Rosita, no estoy bien hoy. Estoy absolutamente sordo.

---

1. Before a masculine singular noun, drop the final *o* of *bueno* and *malo*.
2. *Used in Mexico. Other expressions used are—Dígame, diga* (Spain); *aló* (Colombia, Perú, Ecuador); *hola* (Argentina, Uruguay).

As Deaf as a Mud Wall

(Riiing, riiing, riiing. When the telephone rings Juan and Federico are seated watching a football game on the television.)

JUAN: Federico! Don't you hear the phone?

FEDERICO: (When he sees that his team is winning, he yells.) Good, wonderful! Fine goal! (Looking at Juan.) What phone?

JUAN: For heaven's sake! You're really deaf. (He goes to answer the phone. After a while he returns.) They're calling from the Emporium. They say that you have to pay ninety dollars before the end of the month.

FEDERICO: I'm sorry. I don't hear a thing. I'm as deaf as a mud wall.

JUAN: And I believe that you're also as sly as a fox.

FEDERICO: What are you saying?

JUAN: Nothing . . . (The phone rings again and Juan goes to answer.) Hello.

ROSITA: May I speak to Federico? This is Rosita Alvírez speaking.

JUAN: Rosita! What a pleasure! Juan speaking. You can talk with me.

FEDERICO: Just a moment! Rosita! Is Rosita speaking? I want to talk with her. (He takes the phone.) Rosita, I'm not well today. I'm completely deaf.

I. Verb OÍR

¿No *oyes* el teléfono?

Present Indicative of **OÍR**—to hear

oigo	oímos
oyes	oís
oye	oyen

Ejercicios

A. Ejercicio de substitución:

1. *Yo* no oigo nada.

    nosotros/ Juan/ tú/ ellos/ Uds./ Ud.

2. *Los invitados* oyen la música.

    Federico/ tú/ ellos/ nosotros/ yo/ Ud.

3. *La Sra. Domínguez* oye a Juanito.

    Uds./ Luis/ tú y yo/ ellos/ tú/ yo

B. Conteste según el modelo:

Modelo: ¿Siempre oye ella el teléfono?
          Sí, ella siempre oye el teléfono.

¿Siempre oyes tú el teléfono?
¿   oyen Uds.   ?
¿   oye Juan   ?
¿   oímos   ?
¿   oigo   ?
¿   oyen ellos   ?
¿   oye Ud.   ?

II. Pronouns Used as Objects of Prepositions

Voy *por ti* a las ocho.

por **mí**	por **nosotros, -as**
por **ti**	por **vosotros, -as**
por **él**	por **ellos**
ella	**ellas**
Ud.	**Uds.**

With the exception of the first and second persons singular, pronouns used as objects of prepositions are the same as the subject pronouns.

With the preposition *con,* the first and second persons singular have different forms:

conmigo   contigo

Ejercicios

A. Dígame:

1. que su amigo viene por Ud. a las siete.
2. que el libro es para mí.
3. que Ud. quiere hablar con nosotros.
4. que yo no voy con Ud.
5. que no podemos estudiar con Uds.

B. Pregúnteme:

1. si quiero ir contigo.
2. si voy por Ud. a las seis.
3. si son para nosotros los boletos.
4. si puedo hablar con Ud.
5. si estoy hablando de Uds.

III. Comparison of Equality

Eres *tan* astuto *como* una zorra.

> In Spanish, comparison of equality is expressed with *tan* "as, so" before adjectives and adverbs followed by *como* "as".
>
>   Eres **tan** sordo **como** una tapia.
>
> *Tanto (-a, -os, -as)* "as (so) much, many" is used before nouns followed by *como* "so, as".
>
>   Federico tiene **tantos** amigos **como** Juan.

Ejercicios

A. Ejercicio de substitución:

  1. Eres tan astuto como tu padre.
    bueno
    inteligente
    alto
    delgado
    fuerte
    formal

  2. Yo tengo tanto dinero como Juan.
    miedo
    hambre
    sueño
    tiempo

  3. Elena tiene tantas clases como yo.
    fiestas
    hermanos
    amigos
    hermanas
    libros

B. Conteste según el modelo:

Modelo: Federico es astuto. Juan es astuto también. Haga Ud. una frase comparativa. (Make a comparative sentence.) *Federico es tan astuto como Juan.*

Rosita tiene muchos amigos. Carmen tiene muchos amigos también.
Rosita tiene tantos amigos como Carmen.

1. Ud. tiene cien dólares. Federico tiene cien dólares también.
2. Yo tengo hambre. Ud. tiene hambre también.
3. Rosita es alta. Carmen es alta también.
4. Esta lección es fácil. La lección diez es fácil también.
5. Ud. tiene sueño. Su hermano tiene sueño también.
6. Juan es fuerte. Yo soy fuerte también.
7. Ud. escribe muchas cartas. Ricardo escribe muchas cartas también.
8. Uds. son inteligentes. Ellos son inteligentes también.

Diálogo para memorizar

(El teléfono suena.)

JUAN: Bueno.
ROSITA: ¿Con quién hablo?
JUAN: Con la casa de la familia Guerra.
ROSITA: ¿Puedo hablar con Federico, por favor?
JUAN: No, preciosa, hoy no oye bien. Está tan sordo como una tapia.
ROSITA: ¿Puedo dejar un recado contigo?
JUAN: Pues sí, pero también puedes hablar conmigo.
ROSITA: ¿Contigo? ¿No!
JUAN: Perfecto. Entonces voy por ti a las ocho. . . .

PREGUNTAS

A. Sobre el diálogo para conversación:

1. ¿Qué hacen Federico y Juan?
2. ¿Dónde están ellos?
3. ¿Qué programa ven?
4. ¿Por qué grita Federico?
5. ¿Quién oye el teléfono?
6. ¿Por qué no oye Federico el teléfono?
7. ¿Quién contesta el teléfono?
8. ¿Por qué llaman de El Emporio?
9. ¿Va a pagar Federico los noventa dólares?
10. ¿Por qué es astuto Federico?
11. ¿Suena el teléfono otra vez?
12. ¿Quién llama?
13. ¿Quiénes quieren hablar con Rosita?
14. ¿Cómo es Rosita?
15. ¿De veras está sordo Federico?

B. Generales:

1. ¿Habla Ud. mucho por teléfono?
2. ¿A quién llama Ud. por teléfono?
3. ¿Quién contesta el teléfono en su casa?
4. ¿Llama Ud. a sus amigos a la medianoche?
5. ¿Hablan Uds. conmigo por teléfono?
6. ¿Hablo yo con Uds. por teléfono?
7. ¿Cuál es su número de teléfono?
8. ¿Sabe Ud. el número de teléfono de su escuela?
9. ¿Qué programas de televisión ve Ud.?
10. ¿Cuál es su programa de televisión favorito?
11. ¿Es Ud. tan astuto como una zorra?
12. ¿Está Ud. tan sordo como una tapia?
13. ¿Gritas mucho en los partidos de fútbol (béisbol, básquetbol, tenis)?
14. Al entrar en clase, ¿qué ven Uds.?
15. Al salir de clase, ¿a dónde van Uds.?

Vocabulario

absolutamente—absolutely
astuto, -a—astute, clever, sly
el básquetbol—basketball
el béisbol—baseball
la carta—letter
¿Cuál?—which (one)?, what
dejar—to leave (behind), let
el equipo—team
estupendo, -a—wonderful, stupendous
favorito, -a—favorite
el fútbol—football, soccer
ganar—to win, earn
el gol—goal
el gusto—pleasure
la música—music

nada—nothing
oír—to hear
el partido—game, match
precioso, -a-pran—precious, dear
el programa—program
el rato—short while
el recado—message
sentado, -a—seated
sonar—to ring, sound
sordo, -a—deaf
la tapia—mud wall, adobe wall
el teléfono—telephone
el tenis—tennis
la vez—time, occasion
la zorra—fox

Modismos

al + inf.—upon (doing something)
de veras—really
¡Dios mío!—For heaven's sake!, My goodness!

Lo siento.—I'm sorry, I regret it.
otra vez—again

Lección XIII

UN TURISTA NORTEAMERICANO
EN MORELIA[1]

Diálogo para conversación

(Roger está en una calle de Morelia hablando con una joven.)

ROGER: ¿Cómo puedo llegar a la oficina de Aeronaves del Sur?

JOVEN: Pues, primero tiene que caminar derecho como dos cuadras. Luego, debe doblar a la izquierda. Al llegar a la tercera cuadra, debe doblar a la derecha y un poco más lejos la encuentra.

ROGER: Primero, derecho; luego a la izquierda; luego a la derecha. No la entiendo. Ud. está confundiéndome.

JOVEN: Lo siento. Duermo la siesta por la tarde y todavía estoy aturdida.

ROGER: Bueno, pero ¿cuál es la calle?

JOVEN: Pues, ¿para qué quiere saber?

ROGER: Para encontrarla.

JOVEN: Es fácil. Aeronaves del Sur está enfrente del Hotel de la Soledad.

ROGER: Pero, ¿dónde está el Hotel de la Soledad?

JOVEN: Cerca de McDonald's.

ROGER: ¿Y McDonald's?

JOVEN: (Exasperada.) ¡Ay! . . . ¿Por qué mejor no toma un taxi?

1. The capital of the state of Michoacán in Mexico.

A North American Tourist in Morelia

(Roger is on a street in Morelia talking with a young lady.)

ROGER: How can I get to the office of Aeronaves del Sur?

YOUNG LADY: Well, first you have to walk straight ahead about two blocks. Then you should turn left. When you get to the third block, you should turn right, and a little further on you'll find it.

ROGER: First, straight ahead; then to the left; then to the right. I don't understand you. You are confusing me.

YOUNG LADY: I'm sorry. I take a nap in the afternoon and I am still drowsy.

ROGER: All right, but, which is the street?

YOUNG LADY: Well, why do you want to know?

ROGER: To find it.

YOUNG LADY: It's easy. Aeronaves del Sur is in front of the Hotel de la Soledad.

ROGER: But, where is the Hotel de la Soledad?

YOUNG LADY: Near McDonald's.

ROGER: And McDonald's?

YOUNG LADY: (Exasperated.) Oh! . . . Better yet, why don't you take a taxi.

I. Verbs SENTIR and DORMIR

Lo *siento.*
Duermo la siesta.

Present Indicative of Stem-Changing Verbs

SENTIR—to feel, to regret   **DORMIR**—to sleep

siento	sentimos	**duer**mo	dormimos
sientes	sentís	**duer**mes	dormís
siente	**sien**ten	**duer**me	**duer**men

Verbs of this group will be listed in the vocabulary with *(ie,i)* and *(ue,u)* in parenthesis.

Ejercicios

A. Ejercicio de substitución:

1. *Carmen* siente no poder venir.

   tú/ nosotros/ Uds./ yo/ él/ Carmen y Juan

2. *Nosotros* no dormimos la siesta.

   yo/ Uds./ Luis/ tú/ él/ ellos

B. Conteste afirmativa o negativamente:

1. ¿Duerme Ud. tarde los domingos?
   ¿Duermo   ?
   ¿Duermes   ?
   ¿Duermen Uds.   ?
   ¿Dormimos   ?

2. ¿Sienten Uds. frío hoy?
   ¿Sientes   ?
   ¿Siento   ?
   ¿Sentimos   ?
   ¿Siente Ud.   ?

II. Ordinal Numbers

Primero, derecho . . .

primero, -a—first	**sexto, -a**—sixth
segundo, -a—second	**séptimo, -a**—seventh
tercero, -a—third	**octavo, -a**—eighth
cuarto, -a—fourth	**noveno, -a**—ninth
quinto, -a—fifth	**décimo, -a**—tenth

Ordinal numbers agree in number and gender with the nouns they modify. *Primero* and *tercero* drop the final *o* before a singular masculine noun.

El primer (tercer) día = The first (third) day

Ejercicio

Conteste según el modelo:

Modelo: ¿Estudia Ud. la *primera* lección del *segundo* libro?
          No, estudio la *segunda* lección del *tercer* libro.

¿Estudia Ud. la tercera lección del cuarto libro?

¿	séptima	octavo	?
¿	cuarta	quinto	?
¿	octava	noveno	?
¿	quinta	sexto	?
¿	novena	primer	?
¿	sexta	séptimo	?

III. Direct Object Pronouns

No *la* entiendo.
Para encontrar*la*.
Ud. está confundiéndo*me*.

me	me	**nos**	us
te	you (fam.)	**os**	you (fam.)
lo	him, it; you (formal)	**los**	them; you (formal, masc.)
la	her, it; you (formal)	**las**	them; you (formal, fem.)

Direct object pronouns answer the "what" or "whom" of the action of the verb. They are placed immediately before the verb. If the object pronoun is used as the object of an infinitive or a present participle, it is attached to it.

Ejercicios

A. Repita la frase y luego cambie usando el complemento directo (direct object pronoun) que corresponde.

Modelo: Busco a Federico.   Repita: Busco a Federico.
Cambie: Lo busco.

1. Conocemos a esas muchachas.
2. Juan observa a esa pareja.
3. ¿No ves a los muchachos?
4. El señor Gómez quiere la habitación.
5. Juan ama a Carmen.
6. Buscan a sus amigos.
7. Roger no llama a Juanita.
8. Traigo mis libros a clase.
9. Juanito no estudia su lección.
10. Carmen celebra su matrimonio.

Modelo: Voy a buscar a Federico.   Repita: Voy a buscar a Federico.
Cambie: Voy a buscarlo.

11. Federico no puede oír el teléfono.
12. No estamos mirando la televisión.
13. Juanita va a buscar a Mancha.
14. Acabo de escribir los ejercicios.
15. Estoy escribiendo la carta.

B. Conteste según el modelo:

Modelo: ¿Me busca Ud.?   Sí, yo lo (la) busco.

   1. ¿Me conoce Ud.?
   2. ¿Me mira Ud.?
   3. ¿Me llama Ud.?
   4. ¿Me oye Ud.?
   5. ¿Me espera Ud.?

Modelo: ¿Lo (la) busco?   Sí, Ud. me busca.

   1. ¿Lo (la) conozco?
   2. ¿   miro?
   3. ¿   llamo?
   4. ¿   oigo?
   5. ¿   espero?

Modelo: ¿Nos busca Ud.?   No, no los busco.

   1. ¿Nos conoce Ud.?
   2. ¿   mira   ?
   3. ¿   llama   ?
   4. ¿   oye   ?
   5. ¿   espera   ?

Diálogo para memorizar

TURISTA: ¿Dónde está City College?

JOVEN: Tiene que caminar derecho dos cuadras. Luego debe doblar al norte y caminar cuatro metros.

TURISTA: Derecho dos cuadras. Al norte . . .

JOVEN: Exactamente. Allí está la Avenida Phelan. City College está en la esquina de las calles Ocean y Phelan.

TURISTA: (Muy ocupado, tomando notas.) Norte, sur, este, oeste. Metros, centímetros. ¡Ay . . . pero no traigo ni cinta de medir ni brújula!

PREGUNTAS

A. Sobre el diálogo para conversación:

1. ¿Quién es Roger?
2. ¿De dónde es él?
3. ¿Dónde está?
4. ¿Con quién está hablando?
5. ¿A dónde quiere ir?
6. ¿Cuántas cuadras tiene que caminar derecho?
7. ¿Qué tiene que hacer al llegar a la tercera cuadra?
8. ¿Debe doblar primero a la derecha?
9. ¿Son fáciles las instrucciones de la joven?
10. ¿En qué calle está la oficina de Aeronaves del Sur?
11. ¿Qué hay enfrente de la oficina de Aeronaves del Sur?
12. ¿Qué hay cerca del Hotel de la Soledad?
13. ¿Por qué está aturdida la joven?
14. ¿Por qué quiere saber Roger cuál es la calle?
15. ¿Cree Ud. que Roger va a caminar o a tomar un taxi?

B. Generales:

1. ¿Duerme Ud. la siesta todos los días?
2. ¿Cuántas horas duermen Uds. por la noche?
3. ¿Siente Ud. fresco aquí?
4. ¿Siente Ud. no poder ir al baile?
5. ¿Usa Ud. mapas cuando viaja?
6. ¿Está San Francisco al norte o al sur de Sacramento?
7. ¿Está Nueva York al este o al oeste de San Francisco?
8. ¿Cuáles son los cuatro puntos cardinales?
9. ¿Cuántos centímetros tiene el metro?
10. ¿Qué país está al norte de los Estados Unidos?
11. ¿Qué país está al sur de los Estados Unidos?
12. ¿Los confundo en clase a veces?
13. ¿Cómo vamos de aquí a la cafetería?
14. ¿Qué está enfrente de Ud.?
15. ¿Cuántas cuadras camina Ud. para venir a la escuela?

Vocabulario

amar—to love
aturdido, -a—drowsy, perplexed, bewildered
la avenida—avenue
el baile—dance
la brújula—compass
la cafetería—cafeteria
la calle—street
caminar—to walk
cardinal—cardinal
el centímetro—centimeter
la cinta—tape, film, ribbon
confundir—to confuse
la cuadra—block
deber—to ought to, should, must; to owe
la derecha—right, right side
derecho, -a—straight (ahead)
doblar—to turn, double, crease
dormir (ue,u)—to sleep
encontrar (ue)—to meet, find, encounter
enfrente de—in front of
entender (ie)—to understand

escribir—to write
esperar—to wait (for); to hope
la esquina—corner (of a street)
el este—east
exasperado, -a—exasperated
la instrucción—instruction
la izquierda—left, left side
lejos—far
llamar—to call
el mapa—map
más—more, most
medir—to measure
el metro—meter,
ni—neither, nor
el norte—north
la nota—note, mark, grade
ocupado, -a—busy, occupied
el oeste—west
la oficina—office
el punto—point
sentir (ie,i)—to feel, to regret
la siesta—nap
el sur—south
el taxi—taxi, cab

Modismos

acabar de + inf. = to have just (done something)
a veces = at times
ni . . . ni = neither . . . nor

Lección XIV
DE COMPRAS

Diálogo para conversación

FEDERICO: Rosita, ¿ves qué bien vestido estoy? Voy al centro. ¿No quieres ir conmigo?

ROSITA: Puede que sí. Eso me da la oportunidad de comprarle un regalo al niño de Carmen que cumple un año.

FEDERICO: Yo tengo que darle algo a mi papá para el día de su santo.[1] Siempre le doy pañuelos. Ahora quiero algo diferente: una camisa, una corbata, calcetines . . .

ROSITA: Carmen va a darme la dirección de una tienda nueva muy buena. Podemos pasar a verla antes de ir al centro.

FEDERICO: Pues, hecho. Y después comemos en un buen restaurante, damos un paseo por el parque . . .

ROSITA: Veo que tienes muy buenas intenciones, Federico. Pero tengo que estar de vuelta a las cinco porque Juan viene por mí.

Shopping

FEDERICO: Rosita, do you see how well dressed I am? I'm going downtown. Don't you want to go with me?

ROSITA: Perhaps. That gives me the opportunity to buy a gift for Carmen's child who is going to be one year old.

FEDERICO: I have to give my father something for his Saint's Day. I always give him handkerchiefs. Now I want something different: a shirt, a tie, socks . . .

ROSITA: Carmen is going to give me the address of a very good new store. We can stop by to see her before going downtown.

FEDERICO: Well, done. And afterwards we'll eat in a good restaurant, we'll take a walk through the park . . .

ROSITA: I see that you have very good intentions, Federico. But, I have to be back at five because Juan is coming for me.

---

1. Cultural Note: In Spanish-speaking countries, people celebrate their "Saint's Day." According to the Catholic church, days of the year are assigned to celebrate the memory of one or more saints. For example, August 29th is devoted to Saint John the Baptist. Some men whose names are John celebrate their "Saint's Day" on that date.

I. Verbs **DAR** and **VER**

Eso me *da* la oportunidad . . .
¿*Ves* qué bien vestido estoy?

Present Indicative of *DAR* and *VER*

dar—to give		**ver**—to see	
doy	**damos**	**veo**	**vemos**
das	**dais**	**ves**	**veis**
da	**dan**	**ve**	**ven**

Ejercicio

Ejercicio de substitución.

1. *Yo* le doy el dinero al empleado.

   Uds./ tú/ Isabel/ Federico y yo/ Ud.

2. *Nosotros* vemos a Juan todos los días.

   tú/ yo/ Carmen/ Uds./ ellos

II. Indirect Object Pronouns

Tengo que dar*le* algo a mi papá.
Juanita va a dar*me* la dirección.

---

me	(to) me	**nos**	(to) us
te	(to) you (fam.)	**os**	(to) you (fam.)
le	(to) him, her, it;	**les**	(to) them
	(to) you (formal)		(to) you (formal)

The indirect object pronouns indicate "to whom" or "for whom" an action is done.

The pronouns used as objects of prepositions are used for clarification of *le* and *les,* and for emphasis with all the indirect object pronouns.

Ejercicios

A. Ejercicio de substitución.

1. Juan *me* da el pañuelo (a mí).

   a Ud./ a nosotros/ a Uds./ a ti/ a la empleada

2. Juan no *me* da la camisa (a mí).

   a Ud./ a nosotros/ a Uds./ a ti/ a la empleada

B. Conteste según el modelo.

Modelo: ¿*Me* da Ud. la dirección?   Sí, yo *le* doy la dirección a Ud.

1. ¿Me dice Ud. la verdad?
2. ¿Me manda Ud. muchas cartas?
3. ¿Me habla Ud. en clase?
4. ¿Me da Ud. un regalo?
5. ¿Me abre Ud. la puerta?

Modelo: ¿*Me* das la dirección?   No, yo no *te* doy la dirección.

6. ¿Me dices la verdad?
7. ¿Me mandas muchas cartas?
8. ¿Me hablas en clase?
9. ¿Me das un regalo?
10. ¿Me abres la puerta?

Modelo: ¿*Le* doy a Ud. la dirección?   Sí, Ud. *me* da la dirección.

11. ¿Le digo a Ud. siempre la verdad?
12. ¿Le mando a Ud. muchas cartas?
13. ¿Le hablo a Ud. en clase?
14. ¿Le doy a Ud. un regalo?
15. ¿Le abro a Ud. la puerta?

Modelo: ¿*Te* doy la dirección?   No, tú no *me* das la dirección.

16. ¿Te digo la verdad?
17. ¿Te mando muchas cartas?
18. ¿Te hablo en clase?
19. ¿Te doy un regalo?
20. ¿Te abro la puerta?

Modelo: ¿*Nos* da Ud. la dirección?   Sí, yo *les* doy la dirección a Uds.

21. ¿Nos dice Ud. la verdad?
22. ¿Nos manda Ud. muchas cartas?
23. ¿Nos habla Ud. en clase?
24. ¿Nos da Ud. un regalo?
25. ¿Nos abre Ud. la puerta?

Modelo: ¿*Les* doy a Uds. la dirección?   Sí, Ud. *nos* da la dirección.

26. ¿Les digo a Uds. la verdad?
27. ¿Les mando a Uds. muchas cartas?
28. ¿Les hablo a Uds. en clase?
29. ¿Les doy a Uds. un regalo?
30. ¿Les abro a Uds. la puerta?

Diálogo para memorizar

FEDERICO: Rosita, ¿qué le das a tu mamá los días de su santo?

ROSITA: Generalmente le doy medias. Como también es mi santo, ella me da a mí joyitas, vestidos, abrigos, etc.

FEDERICO: Veo que nuestros padres son iguales. Yo le doy calcetines y pañuelos a mi padre y él me regala un coche.

ROSITA: ¡Qué exagerado! Pero es verdad, nos consienten mucho.

PREGUNTAS

A. Sobre el diálogo para conversación:

1. ¿A dónde va Federico?

2. ¿Qué va a hacer Federico?

3. ¿Con quién quiere ir Federico?

4. ¿A quién va a comprarle un regalo?

5. ¿Cuántos años va a cumplir el niño de Carmen?

6. ¿Qué le da siempre Federico a su papá?

7. ¿Qué quiere darle este año Federico a su papá?

8. ¿Qué va a darle Carmen a Rosita?

9. ¿Por qué quiere Rosita ir a esa tienda nueva?

10. ¿Cuándo van a pasar a ver a Juanita?

11. ¿A dónde quiere ir después Federico con Rosita?

12. ¿Qué ve Rosita?

13. ¿Son de veras buenas las intenciones de Federico?

14. ¿A qué hora tiene que estar de vuelta Rosita?

15. ¿Quién va a ir por Rosita?

B. Generales:

1. ¿Va Ud. de compras al centro?

2. Si no quiere Ud. ir al centro, ¿a dónde va? ¿a los suburbios?

3. ¿Celebra Ud. el día de su santo?

4. ¿Qué día es su cumpleaños?

5. ¿Les manda Ud. tarjetas a sus amigos el día de su santo?

6. ¿A quién le manda Ud. flores el día de su cumpleaños?

7. ¿Les habla Ud. por teléfono el día de su cumpleaños a sus amigos?

8. ¿Les escribe Ud. cartas a sus amigos?

9. ¿Cuándo les da Ud. regalos a sus amigos?

10. ¿Qué regalos les lleva Ud. a sus amigos?

11. ¿Qué regalos le traen a Ud. sus amigos?

12. ¿Qué le regala Ud. a su mamá el día de su cumpleaños?

13. ¿Ve Ud. mucho y compra poco? O ¿compra Ud. mucho y ve poco?

14. ¿Con quién va Ud. de compras generalmente?

15. ¿Hay muchos almacenes en esta ciudad? ¿Son buenos?

Vocabulario

abrir—to open
el almacén—department store
los calcetines—socks
el centro—downtown, center
consentir (ie)—to indulge, pamper
la corbata—tie
cumplir—to be (years old); to fulfill
después—afterward, later
la dirección—address, direction
exagerado, -a—exaggerated
la flor—flower
generalmente—generally
hecho—done, made
igual—equal, same

la intención—intention
Isabel—Isabella, Elizabeth, Betty
la joyita—jewelry, small jewel
mandar—to send
la oportunidad—opportunity
el pañuelo—handkerchief
el parque—park
la puerta—door
regalar—to give a gift
el regalo—gift, present
el santo—saint
los suburbios—suburbs
la tarjeta—card
la tienda—store
vestido, -a—dressed

Modismos

dar un paseo—to take a walk
estar de vuelta—to be back
ir de compras—to go shopping
puede que sí—perhaps
todos los días—every day

Lección XV
EL HORÓSCOPO

Diálogo para conversación

FEDERICO: ¿Te gusta leer el horóscopo del periódico?

ROSITA: Sí, a Juanita y a mí nos gusta leerlo por la mañana antes de salir de casa.

FEDERICO: Voy a leerte tu predicción de hoy. (Finge leer el periódico.) "Libra: Sea Ud. muy amable con un amigo suyo, rubio y guapo. Invítelo Ud. a bailar. Pídale su cariño."

ROSITA: ¡Qué gracioso! (Le quita el periódico y finge leerlo también.) "Sagitario: No diga Ud. tonterías. Respete a la novia de su amigo. Haga obras de caridad."

FEDERICO: Rosita, eres una rubia muy guapa, pero como intelectual . . . no me gustan las cosas que dices.

ROSITA: Pues, a mí no me gustan tus intenciones. Te pido más respeto. Y hablando de rubios tontos. . . .

The Horoscope

FEDERICO: Do you like to read the horoscope in the newspaper?
ROSITA: Yes, Juanita and I like to read it in the morning before leaving the house.
FEDERICO: I'm going to read you your fortune for today. (He pretends to read the newspaper) "Libra: Be kind to YOUR blond and handsome friend. Invite him to go dancing. Ask him for his affection."
ROSITA: How funny! (She takes the newspaper from him and also pretends to read it.) "Sagittarius: Don't talk nonsense. Respect your friend's girlfriend. Do charity work."
FEDERICO: Rosita, you are a very good-looking blonde, but as an intellectual . . . I don't like the things you say.
ROSITA: Well, I don't like your intentions. I am asking you for more respect. And speaking of dumb blonds. . . .

I. Verb **PEDIR**

Te *pido* más respeto.
Pídale su cariño.

Present Indicative of the Stem-
Changing Verb **PEDIR**

pedir—to ask for

pido	pedimos
pides	pedís
pide	piden

Verbs of this group will be listed in the vocabulary with (i,i) in parenthesis.

Ejercicio

Ejercicio de substitución.

1. *Yo* le pido el periódico.

   Uds./ tú/ Isabel/ Federico y yo/ Ud.

2. *Juan* pide información.

   tú/ nosotros/ Uds./ yo/ ella

II. Verb **GUSTAR**

No me *gustan* tus ideas.
Nos *gusta* leerlo.

Usage of *GUSTAR*

To translate an English sentence with the verb "to like", Spanish uses a special construction with the verb *gustar*. In this construction *"gustar"* means "to be pleasing". What is liked becomes the subject and the person to whom it is pleasing becomes the indirect object. Generally, only two forms of *gustar* are used in the present tense: *gusta,* if what is liked is singular, and *gustan,* if it is plural.

Ejercicio

Conteste según el modelo:

1. Modelo: ¿Le gusta a Ud. *el verano?*   Sí, me gusta el verano.

   ¿Le gusta a Ud. la música?
   ¿   la cerveza
   ¿   bailar?
   ¿   leer el horóscopo?
   ¿   la primavera?

2. Modelo: ¿Te gusta *el verano*?   Sí, me gusta el verano.

   ¿Te gusta la música?
   ¿   la cerveza?
   ¿   bailar?
   ¿   leer el horóscopo?
   ¿   la primavera?

3. Modelo: ¿Les gusta a Uds. *el verano?*   Sí, nos gusta el verano.

   ¿Les gusta a Uds. la música?
   ¿   la cerveza?
   ¿   bailar?
   ¿   leer el horóscopo?
   ¿   la primavera?

4. Modelo: ¿Le gustan a Ud. *los domingos?*   Sí, me gustan los domingos.

   ¿Le gustan a Ud. los regalos?
   ¿   las hamburguesas?
   ¿   esas revistas?
   ¿   los calcentines verdes?
   ¿   las margaritas?

5. Modelo: ¿Te gustan *los domingos?*   Sí, me gustan los domingos.

   ¿Te gustan los regalos?
   ¿   las hamburguesas?
   ¿   esas revistas?
   ¿   los calcetines verdes?
   ¿   las margaritas?

6. Modelo: ¿Les gustan a Uds. *los domingos?*   Sí, nos gustan los domingos.

   ¿Les gustan a Uds. los regalos?
   ¿   las hamburguesas?
   ¿   esas revistas?
   ¿   los calcetines verdes?
   ¿   las margaritas?

III. **Ud.** and **Uds.** Commands

Sea Ud. amable.
Invítelo Ud. a bailar.
Pídale su cariño.

With the exception of a few verbs, the *Ud.* and *Uds.* commands are formed by using the stem of the first person singular present indicative and adding *e* or *en* to -*ar* verbs, and *a* or *an* to -*er* and -*ir* verbs.

	1st per. singular		
HABLAR	hablo	**hable Ud.**	**hablen Uds.**
COMER	como	**coma Ud.**	**coman Uds.**
VENIR	vengo	**venga Ud.**	**vengan Uds.**
PENSAR	pienso	**piense Ud.**	**piensen Uds.**
VOLVER	vuelvo	**vuelva Ud.**	**vuelvan Uds.**

Four commonly used verbs which are exceptions to the above rule are:

DAR	dé Ud.	den Uds.
ESTAR	esté Ud.	estén Uds.
IR	vaya Ud.	vayan Uds.
SER	sea Ud.	sean Uds.

Object pronouns are attached to the affirmative command forms; however, they precede the verb in the negative commands.

Háble*le* Ud. = Speak to him.
No *le* hable Ud. = Don't speak to him.

Ejercicios

A. Repita la oración (sentence) y luego cambie según el modelo.

Modelo: Juan habla con María.   Repita: Juan habla con María.
Cambie: Juan, hable Ud. con María.

1. Carmen no lee el horóscopo.
2. Federico abre el periódico.
3. Roberto ve los anuncios.
4. Isabel no compra camisas.
5. Gloria trae las revistas.

6. Juan visita a sus amigos.
7. María canta una canción.
8. Federico no pide favores.

Modelo: Rosita y Carmen hablan con María.
Repita: Rosita y Carmen hablan con María.
Cambie: Rosita y Carmen, hablen Uds. con María.

9. Rosita y Carmen no leen el horóscopo.
abren el periódico.
ven los anuncios.
no compran camisas.
traen las revistas.
visitan a sus amigos.
cantan canciones.
no piden favores.

B. Repita la oración y luego cambie a la forma negativa.

Modelo: Juan, háblele Ud. a María.
Repita: Juan, háblele Ud. a María.
Cambie: Juan, no le hable Ud. a María.

1. Carmen, léalo Ud. por favor.
2. Federico, ábralo Ud. por favor.
3. Roberto, véalos Ud. por favor.
4. Isabel, cómprelas Ud. por favor.
5. Gloria, tráigalas Ud. por favor.
6. Juan, visítelos Ud. por favor.
7. María, cántela Ud. por favor.
8. Federico, pídalos Ud. por favor.

Diálogo para memorizar

ADIVINA: Deme Ud. la mano y le leo la suerte.
FEDERICO: No, mejor dígame Ud. mi horóscopo de hoy.
ADIVINA: No me pida Ud. su horóscopo. A mí solamente me gusta leer la mano.
FEDERICO: Pues, a mí no me gusta eso. No me lea la mano porque me hace cosquillas.

PREGUNTAS

A. Según el diálogo para conversación:

1. ¿Qué le pregunta Federico a Rosita?
2. ¿Le gusta a Rosita leer el horóscopo?
3. ¿Cuándo lo leen Rosita y Juanita?
4. ¿Qué va a leerle Federico a Rosita?
5. ¿Qué finge hacer Federico?
6. ¿Qué signo del Zodiaco lee Federico?
7. ¿Con quién tiene que ser amable Rosita?
8. ¿A dónde debe invitarlo?
9. ¿Qué debe pedirle?
10. ¿Qué le quita Rosita a Federico?
11. ¿Qué signo del Zodiaco lee Rosita?
12. ¿A quién debe respetar Federico?
13. ¿Qué debe hacer Federico?
14. ¿Qué no le gusta a Federico de Rosita?
15. ¿Qué no le gusta a Rosita de Federico?

B. Generales:

1. ¿Lee Ud. su horóscopo?
2. ¿Cuándo lee Ud. su horóscopo?
3. ¿Cree Ud. en las predicciones del horóscopo?
4. ¿Lee Ud. su horóscopo en inglés o en español?
5. ¿Es Ud. amable con sus amigos?
6. ¿Los invita a bailar?
7. ¿Dice Ud. tonterías?
8. ¿Respeta Ud. a los novios de sus amigas?
9. ¿Hace Ud. obras de caridad?
10. ¿Es Ud. rubio (-a)?
11. ¿Es Ud. intelectual?
12. ¿Es Ud. respetuoso (-a)?
13. ¿Consulta Ud. a las adivinas?
14. ¿Qué leen las adivinas?
15. ¿Tiene Ud. cosquillas?

Vocabulario

la adivina—fortuneteller
  amable—nice, kind, amiable
la caridad—charity
el cariño—affection, fondness
  fingir—to pretend
  gustar—to be pleasing, like
el horóscopo—horoscope
  intelectual—intellectual
  invitar—to invite
la mano—hand
la margarita—tequila cocktail; daisy
la obra—work, product
  pedir (i,i)—to ask (for)

la predicción—prediction, forecast
  quitar—to take away
  respetar—to respect
el respeto—respect
  respetuoso, -a—respectful, considerate
la revista—magazine
  rubio, -a—blond(e)
  Sagitario—Sagittarius
el signo—sign
la suerte—luck
la tontería—nonsense, foolishness
  tonto, -a—dumb, silly, foolish
  visitar—to visit
el Zodiaco—Zodiac

Modismos

hacerle cosquillas (a uno)—to tickle (someone)
tener cosquillas—to be ticklish

ACTIVIDADES

El Horóscopo

Aries

Tauro (Taurus)

Géminis (Gemini)

Cáncer

Leo

Virgo

Libra

Escorpión (Scorpio)

Sagitario (Sagittarius)

Capricornio (Capricorn)

Acuario (Aquarius)

Piscis (Pisces)

1. Aprenda Ud. el nombre de su signo del zodiaco.

2. Lea Ud. en el periódico lo que corresponde para hoy y dígalo a la clase.

Aries

Tauro

Géminis

Cáncer

Leo

Virgo

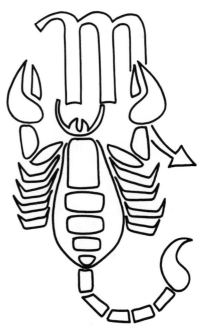

Libra

Escorpión

Sagitario

Capricornio

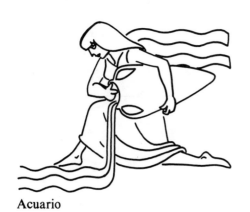

Acuario

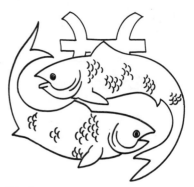

Piscis

Lección XVI
EN LAS MAÑANAS

Diálogo para conversación

SRA. DOMÍNGUEZ: Juanito, ¡levántate, ya es tarde!

JUANITO: ¡Qué pereza!

SRA. DOMÍNGUEZ: ¡Lávate pronto, por favor, y desayúnate!

JUANITO: ¿Ya está listo mi desayuno?

SRA. DOMÍNGUEZ: Por supuesto, niño. ¡Date prisa!

JUANITO: Quiero ponerme la chaqueta roja.

SRA. DOMÍNGUEZ: Pues, no, Juanito. Está en la tintorería. Vístete pronto. Tenemos que irnos.

JUANITO: Mamá, mejor me quedo en casa. Me duele la cabeza.

SRA. DOMÍNGUEZ: ¡Anda, payaso! ¡A la escuela! Y recuerda: ¡pórtate bien, come tu emparedado! ¡No pelees con los otros niños. . . !

JUANITO: Mamá. . . .

SRA. DOMÍNGUEZ: ¿Sí?

JUANITO: ¿Quién te da órdenes a ti?

In the Mornings

MRS. DOMÍNGUEZ: Johnny, get up! It's already late!
JUANITO: How lazy I feel!
MRS. DOMÍNGUEZ: Wash up right now, please, and eat your breakfast!
JUANITO: Is my breakfast ready?
MRS. DOMÍNGUEZ: Of course, child. Hurry up!
JUANITO: I want to put on my red jacket.

MRS. DOMÍNGUEZ: Well, no, Johnny. It's at the cleaners. Get dressed quickly. We have to go.

JUANITO: Mother, I better stay home. I have a headache.

MRS. DOMÍNGUEZ: Come on, clown! Off to school! And don't forget: behave yourself, eat your sandwich! Don't fight with the other boys. . . !

JUANITO: Mother. . . .

MRS. DOMÍNGUEZ: Yes?

JUANITO: Who orders you around?

I. **Tú** Commands

Levántate, ya es tarde.
Lávate pronto.
Date prisa.

	Affirmative	Negative
HABLAR	**habla**	**no hables**
COMER	**come**	**no comas**
ESCRIBIR	**escribe**	**no escribas**
PENSAR	**piensa**	**no pienses**
VOLVER	**vuelve**	**no vuelvas**

To form the affirmative *tú* commands of most verbs, use the third person singular present indicative form of the verb. To form the negative *tú* commands, add "s" to the *Ud.* command form.

Some verbs which have irregular *tú* command forms are:

	Affirmative	Negative
DECIR	**di**	**no digas**
HACER	**haz**	**no hagas**
IR	**ve**	**no vayas**
PONER	**pon**	**no pongas**
SALIR	**sal**	**no salgas**
SER	**sé**	**no seas**
TENER	**ten**	**no tengas**
VENIR	**ven**	**no vengas**

Ejercicios

A. Ejercicios de substitución.

1. Juanito, *ven,* por favor.

   ir/ hablar/ volver/ estudiar/ salir/ cantar/ acostarse/ comer/ lavarse

2. Haga el ejercicio 1 en la forma negativa según el modelo.

   Modelo: Juanito, *no vengas,* por favor.

3. Juanito, *levántate,* por favor.

   lavarse/ desayunarse/ darse prisa/ irse/ vestirse

4. Haga el ejercicio 3 en la forma negativa.

B. Conteste según el modelo.

   Modelo: ¿Qué le dice Ud. a un niño que no quiere comer?
            Le digo: *Come, por favor.*

   ¿Qué le dice Ud. a un amigo   que no quiere acostarse?
                                  que no quiere escribir?
                                  que habla mucho? (no _____ tanto)
                                  que descansa mucho? (no _____ tanto)
                                  que se levanta tarde?
                                  que viene tarde a clase?
                                  que no dice la verdad?
                                  que da muchas órdenes? (no _____ tantas _____)
                                  que no quiere salir con Ud.?
                                  que corre mucho? (no _____ tanto)

II. Reflexive Pronouns and Verbs

Víste*te* pronto.
Tenemos que ir*nos*

Reflexive Pronouns			
me	myself	**nos**	ourselves
te	yourself (fam.)	**os**	yourselves (fam.)
se	himself, herself, itself, yourself	**se**	themselves, yourselves

Reflexive Verbs

LEVANTARSE—to get up, rise

me levanto	nos levantamos
te levantas	os levantáis
se levanta	se levantan

A verb is reflexive when the action of the verb reflects on the subject. The position of the reflexive pronouns, with respect to the verb, is the same as for the direct and indirect object pronouns. *Se* attached to an infinitive indicates that the verb is reflexive.

Ejercicios

A. Ejercicios de substitución.

1. *Yo* me lavo las manos.

   él/ tú y Juan/ Uds./ ellos/ tú/ nosotros

2. *Juan* se sienta.

   nosotros/ Uds./ yo/ Juanita/ tú/ Carlos y Luis

B. Conteste afirmativamente.
   1. ¿Me acuesto temprano?
      ¿Te acuestas   ?
      ¿Se acuesta Ud.   ?
      ¿Nos acostamos   ?
      ¿Se acuestan Uds.   ?

   2. ¿Me quedo en casa hoy?
      ¿Se quedan Uds.   ?
      ¿Se queda Ud.   ?
      ¿Te quedas   ?
      ¿Nos quedamos   ?

C. Conteste según el modelo.

   Modelo: ¿Quiere Ud. levantarse?   Sí, quiero levantarme.

   1. ¿Quiere Ud. sentarse?
   2. ¿Quiere Ud. lavarse?
   3. ¿Quiere Ud. quedarse?
   4. ¿Desean Uds. desayunarse?
   5. ¿Tienen Uds. que irse?

Diálogo para memorizar

PEDRO: ¿Qué es bueno hacer en la vida?
FEDERICO: Levántate temprano.
PEDRO: Trabaja sin descanso.
FEDERICO: Come sin exceso.
PEDRO: No bebas más que agua.
FEDERICO: No gastes mucho dinero.
PEDRO: Ve al doctor y al dentista con frecuencia. . . .
FEDERICO: Y vas a pasar una vida muy aburrida.

PREGUNTAS

A. Sobre el diálogo para conversación:

1. ¿Por qué tiene que levantarse Juanito?
2. ¿Quiere levantarse él?
3. ¿Qué dice el niño?
4. ¿Qué tiene que hacer Juanito después de levantarse?
5. ¿Qué hace después de lavarse?
6. ¿Quién prepara el desayuno de Juanito?
7. ¿Qué quiere ponerse el niño?
8. ¿Se pone Juanito la chaqueta roja?
9. ¿Qué debe hacer Juanito después de desayunarse?
10. ¿A dónde tienen que ir Juanito y su mamá?
11. ¿Por qué quiere Juanito quedarse en casa?
12. ¿Cree la mamá la excusa de Juanito?
13. ¿Cómo debe portarse el niño en la escuela?
14. ¿Qué debe comer?
15. ¿Quién le da órdenes a su mamá?

B. Generales:

1. ¿A qué hora se levanta usted generalmente?
2. ¿A qué hora se levanta usted los domingos?
3. ¿Le gusta a usted levantarse temprano?
4. ¿A que hora se desayuna usted?
5. ¿Qué hace usted al levantarse?
6. ¿Se baña usted todos los días?
7. ¿Qué se pone usted cuando hace frío?
8. ¿Qué se pone usted cuando hace calor?
9. ¿Se ponen ustedes sombrero?
10. ¿Se quedan ustedes en casa los domingos?
11. ¿Qué toma usted cuando le duele la cabeza? (aspirina)
12. ¿Quién le da órdenes a usted?
13. ¿Le da pereza levantarse a Ud.?
14. ¿Le da pereza trabajar a Ud.?
15. ¿Lleva usted mucha ropa a la tintorería?

Vocabulario

aburrido, -a—bored, boring
acostarse (ue)—to go to bed
andar— to walk; to run, function
la aspirina—aspirin
bañarse—to bathe, take a bath
la cabeza—head
correr—to run; to flow
el dentista—dentist
desayunarse—to eat breakfast
el descanso—rest
doler (ue)—to hurt, ache
el exceso—excess
la excusa—excuse
la frecuencia—frequency
irse—to go away, leave
lavarse—to wash (oneself)

levantarse—to get up, rise
listo, -a—ready, prepared
la orden—order, command
el payaso—clown
pelear—to fight
la pereza—laziness, sloth
ponerse—to put on
portarse—to behave, conduct oneself
pronto—soon, quickly
quedarse—to stay, remain
recordar (ue)—to remember, recall
rojo, -a—red
sentarse (ie)—to sit down
sin—without
la tintorería—dry cleaners
vestirse (i,i)—to get dressed
la vida—life

Modismos

con frecuencia—frequently
darse prisa—to hasten, hurry up
por supuesto—of course

Lección XVII
¿BAÑO AL PERRITO?

Diálogo para conversación

(Un hombre está sentado en una banca de un parque leyendo el *Tiempo*. Junto a él se encuentra un perrito blanco, un poco sucio y descuidado. Se acerca un niño de unos diez años y habla con el hombre.)

NIÑO: Buenos días, señor. ¡Qué bonito perrito!

HOMBRE: (Sin volverse.) Sí, muy bonito.

NIÑO: Sabe usted, el perrito está un poco sucio. ¿Lo baño?

HOMBRE: Pues, báñalo.

NIÑO: (Unos minutos más tarde.) Ya lo bañé. Ya lo sequé. ¿Lo peino?

HOMBRE: (Todavía leyendo, sin prestar atención.) Pues, péinalo.

NIÑO: Mejor no le corto las uñas, ¿verdad?

HOMBRE: No, mejor no se las cortes.

NIÑO: ¿Le pongo un listón en el cuello?

HOMBRE: Pónselo.

NIÑO: (Mirando con orgullo al perrito.) Mire, señor, mire qué bien se ve el perrito ahora.

HOMBRE: (Cerrando el *Tiempo* y mirando al perrito bien por primera vez.) Sí, muy bien, muy buen trabajo.

NIÑO: Bueno, señor, son diez pesos.

HOMBRE: (Sorprendido.) ¿Diez pesos? ¿Por qué?

NIÑO: Por el aseo de su perrito.

HOMBRE: Vaya, niño, ese perrito no es mío.

121

Shall I Bathe the Puppy?

(A man is seated on a bench in a park reading the *Times*. Near him is a white puppy, rather dirty and unkept. A boy of about ten approaches and talks with the man.)

BOY: Good day, sir. What a pretty puppy!
MAN: (Without turning.) Yes, very pretty.
BOY: You know, the puppy is a little dirty. Shall I bathe it?
MAN: Well, bathe it.
BOY: (A few minutes later.) I bathed him already. I dried him already. Shall I comb him?
MAN: (Still reading and not paying attention.) Well, comb him.
BOY: I'd better not cut his nails.
MAN: No, you'd better not cut them.
BOY: Shall I put a ribbon around his neck?
MAN: Put it on.
BOY: (Looking with pride at the puppy.) Look how nice the puppy looks now.
MAN: (Closing the *Times* and looking at the puppy well for the first time.) Yes, very fine. Very good work.
BOY: Well, sir, that is ten pesos.
MAN: (Surprised.) Ten pesos? Why?
BOY: For grooming your puppy.
MAN: Go on, boy, that puppy isn't mine.

I. Position of Two Personal Object Pronouns

No *se las* cortes.

> When two pronouns are objects of the same verb, the position is: 1. Reflexive 2. Indirect 3. Direct
>
> | | |
> |---|---|
> | Juan **me lo** da. | John gives it to me. |
> | El niño **se lo** peina. | The boy combs it. |
>
> When both the direct and the indirect object pronouns are in the third person, the indirect object pronouns *le* and *les* become *se*.
>
> | | |
> |---|---|
> | Juan **se** lo da. | John gives it to him. |

Ejercicios

A. Cambie según el modelo.

1. Modelo: Yo te mando la chaqueta. Yo te *la* mando.
   los diez pesos.
   las maletas.
   los patines.
   el periódico.
   la revista.

2. Modelo: El me manda la chaqueta. El me *la* manda.
        los diez pesos.
        las maletas.
        los patines.
        el periódico.
        la revista.

3. Modelo: El nos manda la chaqueta. El nos *la* manda.
        los diez pesos.
        las maletas.
        los patines.
        el periódico.
        la revista.

4. Modelo: El quiere mandarte la chaqueta. El quiere mandárte*la*.
        los diez pesos.
        las maletas.
        los patines.
        el periódico.
        la revista.

5. Modelo: El no puede mandarme la chaqueta. El no puede mandárme*la*
        los diez pesos.
        las maletas.
        los patines.
        el periódico.
        la revista.

6. Modelo: El está mandándonos la chaqueta. El está mandándonos*la*.
        los diez pesos.
        las maletas.
        los patines.
        el periódico.
        la revista.

B. Cambie según el modelo, dando la forma afirmativa y negativa.

Modelo: Abrame Ud. la puerta.   Abrame*la* Ud.
                                     No me *la* abra Ud.

1. Deme Ud. el periódico.
2. Tráigame Ud. las maletas.
3. Escríbame Ud. la dirección.
4. Dígame Ud. la verdad.
5. Tráigame Ud. la cuenta.
6. Mándeme Ud. el dinero.

7. Córteme Ud. el pelo.
8. Hágame Ud. el favor.
9. Enséñeme Ud. los vestidos.
10. Láveme Ud. el pelo.

C. Conteste según el modelo.

1. Modelo: ¿Te mando la carta: Sí, Ud. *me la manda.*

¿Te doy los listones?
¿Te digo la verdad?
¿Te abro la puerta?
¿Te traigo las maletas?
¿Te corto el pelo?
¿Te pongo el sombrero?
¿Te mando el dinero?
¿Te doy la blusa?

2. Modelo: ¿Me mandas la carta?   Sí, *te la mando.*

¿Me das los listones?
¿Me dices la verdad?
¿Me abres la puerta?
¿Me traes las maletas?
¿Me cortas el pelo?
¿Me pones el sombrero?
¿Me mandas el dinero?
¿Me das la blusa?

D. Conteste según el modelo.

Modelo: ¿Me da Ud. el libro?   Sí, yo *le doy* el libro a Ud.
                                   Sí, yo *se lo doy* a Ud.

1. ¿Me escribe Ud. las cartas?
2. ¿Me dice Ud. la verdad?
3. ¿Me abre Ud. las puertas?
4. ¿Me trae Ud. la maleta?
5. ¿Me corta Ud. el pelo?
6. ¿Me dice Ud. mentiras?
7. ¿Me da Ud. las blusas?
8. ¿Me pide Ud. un favor?
9. ¿Me trae Ud. la cuenta?
10. ¿Me enseña Ud. los zapatos?

Diálogo para memorizar

(Federico está en la barbería)

DON JOSÉ: Hola, joven Federico. ¿En qué puedo servirle?

FEDERICO: Córteme el pelo, don José, pero no muy corto, por favor.

DON JOSÉ: Lo entiendo. Se lo corto largo. (Canta.) Fígaro, Fígaro, Fígaro.

FEDERICO: ¿Cuánto me va a cobrar por la música?

DON JOSÉ: Esa es gratis. (Sigue cantando. Cuando le acaba de cortar el pelo a Federico, le dice) ¿Qué le parece?

FEDERICO: ¡Estoy guapísimo! ¿Cuánto cobra usted por una afeitada?

DON JOSÉ: Joven Federico, ¿qué le afeito? Todavía no tiene barba.

PREGUNTAS:

A. Según el diálogo para conversación:

1. ¿Dónde está el hombre?

2. ¿Qué está haciendo?

3. ¿Quién está junto a él?

4. ¿Quién se acerca?

5. ¿Por qué quiere el niño bañar al perrito?

6. ¿Qué hace el niño después de bañarlo?

7. ¿Qué hace después de secarlo?

8. ¿Le presta mucha atención el hombre al niño?

9. ¿Le corta el niño las uñas al perrito?

10. ¿Qué le pone al perrito?

11. ¿Dónde se lo pone?

12. ¿Cuánto quiere cobrar el niño?

13. ¿Es del hombre el perrito?

14. ¿Cuántos años tiene el niño?

15. ¿De qué color es el perrito?

B. Generales:

1. ¿Lee Ud. el *Tiempo*?

2. ¿Cuándo va Ud. al parque?

3. ¿Le gusta a Ud. leer en el parque?

4. ¿Se baña Ud. por la tarde o por la mañana?

5. ¿Se baña Ud. con agua fría o caliente?

6. ¿Se afeita Ud. todos los días?

7. ¿Qué hace Ud. cuando tiene sucias las manos?

8. ¿Qué hace Ud. cuando tiene muy largas las uñas?

9. ¿Se pinta Ud. las uñas?

10. ¿Qué hace Ud. después de bañarse?

11. ¿Le cortan a Ud. el pelo a menudo?

12. ¿Cuánto cuesta el corte de pelo ahora?

13. ¿Prefiere Ud. a las muchachas (muchachos) de pelo largo o corto?

14. ¿Quién es Fígaro? (en la ópera)

15. ¿Le gusta a Ud. la ópera?

Vocabulario

acercarse—to approach
afeitar—to shave
afeitarse—to shave (oneself)
el aseo—grooming
bañar—to bathe
la barba—beard; chin
la barbería—barbershop
caliente—hot
cerrar (ie)—to close, shut
cobrar—to charge; to collect
cortar—to cut
el corte—cut
corto, -a—short
el cuello—neck; collar
la cuenta—bill, check, account
descuidado, -a—unkept, untidy; careless
don—Mr. (title of respect used with first name)
enseñar—to show; to teach
gratis—free
guapísimo, -a—very good looking
José—Joseph
junto—near, next to
largo, -a—long

el listón—ribbon
la mentira—lie, untruth
la ópera—opera
el orgullo—pride
parecer—to appear, seem
peinar—to comb; to groom
el pelo—hair
el perrito—puppy
el peso—Mexican monetary unit
pintarse—to polish, paint
preferir (ie)—to prefer
secar—to dry
seguir (i,i)—to follow, continue
sorprendido, -a—surprised
sucio, -a—dirty
el trabajo—work, job
la uña—fingernail, toenail
verse—to look, appear
volverse—to turn (to), turn around

Modismo

prestar atención—to pay attention

Lección XVIII

EL DR. PERICLES Y EL LEÓN

(Tragedia en tres actos)

Diálogo para conversación

Acto primero. El consultorio del Dr. Pericles: 14 de abril de 1976.

DR. PERICLES: Buenos días, Sr. Jiménez. ¿En qué puedo servirle?

SR. JIMÉNEZ: (Temblando.) Doctor, tengo un problema muy grande. Anoche encontré un león bajo mi cama. No me dejó dormir porque rugió toda la noche.

DR. PERICLES: ¿Un león? (Ja, ja.) No se preocupe, amigo. Tome esta medicina verde y el león va a desaparecer.

Acto segundo. Mismo escenario: 21 de abril.

DR. PERICLES: Ah, señor Jiménez. ¿Ya se fue el león?

SR. JIMÉNEZ: No, doctor. Todavía está bajo mi cama. Toda esta semana rugió y pateó. Yo creo que tiene hambre. ¿Por qué está ahí el león, doctor?

DR. PERICLES: Porque Ud. se siente pequeño frente al universo. (Ja, ja.) Quizás el león tiene una espina en la pata, ¿eh? Pero no se preocupe. Esta vez voy a ponerle una inyección maravillosa. Así seguramente el león va a desaparecer.

Acto tercero. El vecindario del Sr. Jiménez: 15 de mayo.

(El Sr. Jiménez no volvió a ver al Dr. Pericles. Tampoco contestó el teléfono. Ahora, preocupado, el Dr. Pericles toca a la puerta de la casa del Sr. Jiménez.)

DESCONOCIDO: ¿Quién molesta tan temprano?

DR. PERICLES: Perdone Ud., ¿está en casa el Sr. Jiménez?

DESCONOCIDO: No, señor. Muy triste caso. El Sr. Jiménez murió la semana pasada. Un león se lo comió.

Dr. Pericles and The Lion

(Tragedy in Three Acts)

Act I. Dr. Pericles' office: April 14, 1976.

DR. PERICLES: Good morning, Mr. Jiménez. What can I do for you?

MR. JIMÉNEZ: (Shaking.) Doctor, I have a very big problem. Last night I found a lion under my
bed. He didn't let me sleep because he roared all night.

DR. PERICLES: A lion? (Ha, ha.) Don't worry, friend. Take this green medicine and the lion is
going to disappear.

Act II. Same scene: April 16th.

DR. PERICLES: Oh, Mr. Jiménez. Has the lion already left?

MR. JIMÉNEZ: No, doctor. He is still under my bed. He roared and stomped all this week. I believe
that he is hungry. Why is the lion there, doctor?

DR. PERICLES: Because you feel small before the universe. (Ha, ha.) Perhaps the lion has a thorn
in his paw, eh? But don't worry. This time I am going to give you a marvelous injection.
That way surely the lion is going to disappear.

Act III. In the neighborhood of Mr. Jiménez: May 15th.

(Mr. Jiménez did not return to see Dr. Pericles. Nor did he answer his telephone. Now, worried,
Dr. Pericles knocks at the door of Mr. Jiménez's house.)

STRANGER: Who is bugging me so early?

DR. PERICLES: Excuse me, sir, is Mr. Jiménez at home?

STRANGER: No, sir. A very sad case. Mr. Jiménez died last week. A lion ate him up.

I. Preterite Indicative

Preterite Indicative Tense of
Regular Verbs

CANTAR		COMER	
cant é	cant amos	com í	com imos
cant aste	cant asteis	com iste	com isteis
cant ó	cant aron	com ió	com ieron

VIVIR

viv í	viv imos
viv iste	viv istei s
viv ió	viv ieron

The preterite tense translates as follows:

canté—I sang, I did sing

Preterite Indicative Tense of
IR and **SER**

fui	fuimos
fuiste	fuisteis
fue	fueron

These two verbs have identical forms for the preterite, but the meaning is made clear by context.

Ejercicios

1. *El Sr. Jiménez* visitó al doctor.

   tú/ nosotros/ ellos/ él/ tú y yo/ Uds./ Juan y Pedro/ yo

2. *Ellos* vieron un león.

   yo/ él/ nosotros/ ellos y yo/ Ud./ ella/ Uds./ tú

3. *El desconocido* abrió la puerta.

   nosotros/ Ud./ Uds./ él/ ellos/ tú/ Juan/ yo

4. ¿Fue *Ud.* al hospital?

   ellos/ Juanita/ tú/ yo/ nosotros/ Uds./ ella/ tú y yo

5. *Federico* fue *paciente* del doctor Pericles.

   nosotros/ yo/ Uds./ él/ tú/ ellos/ Ud./ Uds. y yo

B. Repita las frases siguientes y luego cámielas al pretérito:

1. El señor Jiménez se levanta tarde.
2. Voy al comedor.
3. Nos sentamos a la mesa.
4. Ellos se desayunan en casa.
5. Ella saluda a sus amigas.

6. Esos muchachos no trabajan mucho.
7. ¿Abres las cartas?
8. ¿Salen de la oficina?
9. ¿A qué hora vuelves?
10. Comemos a las seis.

II. Interrogatives *Qué* and *Cuál*

The interrogatives *qué*, "what", and *cuál (es)*, "what" or "which" used as pronouns differ in usage as follows:

Qué asks for an explanation or a definition.

¿Qué estás haciendo?	What are you doing?
¿Qué es tu padre?	What is your father?

Cuál(es) asks for a selection from a group.

¿Cuál es tu hermano?	Which (one) is your brother?
¿Cuál fue la decisión?	What was the decision?

As an adjective, to translate "what" or "which", use *qué*.

¿Qué libro quieres?	What book do you want?

Ejercicios

A. Ejercicio de substitución.

1. ¿Cuál es *su libro?*

   su camisa/ mi maleta/ tu silla/ la casa de Juan/ su número de teléfono/ la capital de California/ su dirección/ nuestra oficina

2. ¿Qué es *tu padre?*

   Ud./ un número/ una capital/ el hijo de su tío/ una oficina/ una zapatería/ un teléfono/ un supermercado/ un teatro

B. Dé Ud. la pregunta correspondiente a las siguientes respuestas. (Give the corresponding question for the following answers.)

1. 648-9586.
2. Calle Misión #345.
3. Es la ciudad más importante de un país.
4. Quito es la capital del Ecuador.
5. Es doctor.

Diálogo para memorizar

(Federico y Rosita están en un café. Hablan sobre teatro.)

FEDERICO: ¿Qué obra viste, Rosita?

ROSITA: Ayer vi *Pericles y el león.* Anteayer vi *Triste y abandonada.*

FEDERICO: ¿Cuál te gustó más?

ROSITA: *Pericles y el león,* por supuesto. Fue estupenda.

FEDERICO: ¿Por qué no fuiste conmigo?

ROSITA: Porque Juan me invitó, tonto, ya lo sabes.

PREGUNTAS

A. Sobre el diálogo para conversación:

1. ¿Qué clase de obra teatral es ésta?

2. ¿Quiénes son los personajes?

3. ¿Dónde están el Sr. Jiménez y el Dr. Pericles?

4. ¿En qué fecha pasa el primer acto?

5. ¿Qué problema tiene el Sr. Jiménez?

6. ¿Qué le dio el Dr. Pericles al Sr. Jiménez en la primera visita?

7. ¿Cuándo volvió el Sr. Jiménez al consultorio?

8. ¿Qué problema tiene la segunda vez?

9. ¿Cómo se siente el Sr. Jiménez frente al universo?

10. ¿Qué piensa el Dr. Pericles acerca del león?

11. ¿Qué hace el Dr. Pericles en la segunda visita?

12. ¿Por qué fue el Dr. Pericles a casa del Sr. Jiménez?

13. ¿Quién abrió la puerta?

14. ¿Qué le pasó al Sr. Jiménez?

15. ¿Cuándo murió el Sr. Jiménez?

B. Generales:

1. ¿A qué hora se acostó Ud. anoche?

2. ¿Se despertó Ud. temprano esta mañana?

3. ¿Le hablé yo a Ud. por teléfono ayer?

4. ¿Con quien fuiste al cine la semana pasada?

5. ¿Cantaron Uds. en la clase ayer?

6. ¿Dieron Uds. un paseo el domingo pasado?

7. ¿Fueron Uds. al teatro anoche?

8. ¿Le mandé a Ud. una carta el mes pasado?

9. ¿Me escribió Ud. ayer?

10. ¿Trató Ud. de llamarme?

11. ¿Te desayunaste en casa esta mañana?

12. ¿Dónde comiste anoche?

13. ¿Qué regalos recibiste para tu cumpleaños?

14. ¿Cuántas horas trabajó Ud. ayer?

15. ¿Con quién comiste ayer?

Vocabulario

abandonado, -a—abandoned, forsaken
acerca de—about, concerning
el acto—act
anoche—last night
ayer—yesterday
bajo—under, below
la cama—bed
la capital—capital (city)
el caso—case, matter
el cine—movie (house)
el consultorio—doctor's office
desaparecer—to disappear
el desconocido—stranger
despertarse (ie)—to wake up
el escenario—scenery, setting
la espina—thorn, splinter
frente a—before, in front of
grande—big, large
la inyección—injection
el león—lion
maravilloso, -a—marvellous
la medicina—medicine
mismo, -a—same

molestar—to bother, bug
morir (ue)—to die
el paciente—patient
la pata—paw, foot (of an animal)
patear—to stomp
perdonar—to pardon, excuse
preocuparse—to worry
el problema—problem
quizás—perhaps, maybe
rugir—to roar
saludar—to greet, say hello to, salute
seguramente—surely
sentirse (ie)—to feel
sobre—on, about, concerning
el supermercado—supermarket
tampoco—neither, nor
teatral—theatrical
el teatro—theater
temblar—to shake, tremble
tocar—to knock
la tragedia—tragedy
el vecindario—neighborhood, vicinity
verde—green
la visita—visit
la zapatería—shoe store

Modismos

la semana pasada—last week
tratar de + inf.—to try to (do something)

Lección XIX
LA TELEVISIÓN

Diálogo para conversación

(Juanita y Margarita discuten el programa que vieron la noche anterior en televisión.)

JUANITA: ¿Viste la película *Triste y abandonada* anoche en el canal 4?

MARGARITA: Sí, hombre. ¡Qué cursilería!

JUANITA: Pues ten en cuenta que la acción pasó el 19 de octubre de 1606.

MARGARITA: De todos modos, fue demasiado. La heroína, una pastora, se perdió en el campo. Jugó con los pajaritos y cantó por los bosques. Finalmente se sintió cansada y se durmió.

JUANITA: (Siguiendo la broma.) Y el héroe, un guapo príncipe, al verla, sintió un gran amor por ella.

MARGARITA: Le dio un beso en la boca. La joven abrió los ojos, y le pidió otro.

JUANITA: Eso ya lo estás inventando tú. Si quieres un final feliz, di mejor que la joven se despertó y le pidió un millón de dólares. El joven, por supuesto, se lo dio.

MARGARITA: ¡Dios mío! Echaste a perder la historia de amor. ¡Qué materialista eres!

Television

(Juanita and Margaret are discussing the program that they saw the previous night on television.)

JUANITA: Did you see the film "Sad and Abandoned" last night on channel 4?
MARGARITA: Yes. How corny!
JUANITA: Well, consider that the action took place on October 19, 1606.
MARGARITA: In any case, it was too much. The heroine, a shepherdess, got lost in the countryside. She played with the birds and sang through the woods. Finally she felt tired and fell asleep.
JUANITA: (Continuing the joke.) And the hero, a handsome prince, upon seeing her, felt great love for her.

133

MARGARITA: He kissed her on the mouth. The maiden opened her eyes, and asked him for another one.

JUANITA: Now you're inventing that. If you want a happy ending, you'd better say that the girl awoke and asked him for a million dollars. The young man, of course, gave it to her.

MARGARITA: Good Lord! You ruined the love story. How materialistic you are!

I. Preterite of Stem-Changing Verbs

Se *sintió* cansada y se *durmió*.

La joven le *pidió* otro.

Stem-changing verbs ending in *-ar* and *-er* are regular in the preterite. Those ending in *-ir* a change the *e* to *i* and the *o* to *u* in the third person singular and in the third person plural.

SENTIR

sentí	sentimos
sentiste	sentisteis
sintió	**sin**tieron

DORMIR

dormí	dormimos
dormiste	dormisteis
durmió	**dur**mieron

PEDIR

pedí	pedimos
pediste	pedisteis
pidió	**pid**ieron

Ejercicios

Ejercicio de substitución.

1. *La joven* se despidió de su amigo.

   yo/ el príncipe/ las pastoras/ nosotros/ Uds./ tú/ él/ el héroe

2. *Yo* me dormí tarde.

   el perro/ el joven/ Teodoro y Francisco/ Ud. y su hermano/ tú/ ella/ nosotros/ Ud.

3. *Rosita* se divirtió mucho.

   los jóvenes/ los pastores/ el héroe/ nosotros/ tú/ el poeta/ el hombre

II. Preterite of **DAR**

Le *dio* un beso en la boca.

di	**dimos**
diste	**disteis**
dio	**dieron**

Ejercicio de substitución.

Yo le di un regalo a mi mamá.

mi papá/ mis hermanos/ tú/ mi tía/ él/ Uds./ Ud./ nosotros

III. Cardinal Numbers

Cardinal Numbers: 100–1.000.000

cien (to)	**ochocientos (-as)**
doscientos (-as)	**novecientos (-as)**
trescientos (-as)	**mil (dos mil,** etc.)
cuatrocientos (-as)	**cien mil**
quinientos (-as)	**doscientos mil,** etc.
seiscientos (-as)	**un millón (de)**
setecientos (-as)	**dos millones (de),** etc.

Ciento is shortened to *cien* before nouns, or before the numerals *mil* and *millón.*
Ciento is used before any numeral lower than one hundred.

cien estudiantes   cien millones de habitantes
cien mil personas   ciento diez

From 200 to 900 the numeral will agree with the noun it describes.

doscientas personas   trescientos libros

Ejercicio

Conteste:

1. ¿Cuántas páginas hay en el libro de español?
2. ¿Cuántos días hay en un año?
3. ¿Cuántos habitantes hay en San Francisco? (700.000)
4. ¿Cuántos meses hay en cien años?
5. ¿Cuántos habitantes hay en California? (30.000.000)
6. ¿Cuántos habitantes hay en los Estados Unidos? (200.000.000)

IV. Dates

El 19 de octubre de 1606.

> Cardinal numbers are used to express the day of the month with the exception of *primero*.
>
> The definite article *el* is used to express "the" or "on the" with the day.
>
> > el primero de julio
> > el treinta de mayo
>
> To express the year, one must use *mil* with numbers of one thousand or more.
>
> 1776—mil setecientos setenta y seis

Ejercicio

Conteste:

1. ¿Cuál es la fecha completa de hoy?
2. ¿En qué fecha se declaró la independencia de los Estados Unidos?
3. ¿En qué año descubrió América Cristóbal Colón?
4. ¿Cuándo nació Cervantes? (1547)
5. ¿En qué año murió el Presidente Kennedy? (1963)
6. ¿Cuándo comenzó la primera guerra mundial? (1914)
7. ¿Cuándo terminó la segunda guerra mundial? (1945)
8. ¿En qué año se descubrió el oro en California? (1848)
9. ¿En qué año ocurrió el terremoto de San Francisco? (1906)
10. ¿Cuándo nació Ud.?

Diálogo para memorizar

JUANITA: ¿Qué fecha es hoy?

MARGARITA: Es el 2 de febrero de 1984.

JUANITA: ¿Viste televisión anoche?

MARGARITA: Vimos un documental sobre Chile. Jorge lo pidió prestado a la escuela. ¿Y tú?

JUANITA: Nada, porque mi mamá se sintió mal anoche y se durmió temprano.

MARGARITA: Y preferiste no hacer ruido, por supuesto. . . .

JUANITA: Pero el sábado vimos un programa bastante bueno, dieron miles de regalos.

MARGARITA: Yo veo cualquier programa, excepto las telecomedias.

JUANITA: Pues, yo no soporto las películas de monstruos o las policíacas.

PREGUNTAS

A. Sobre el diálogo para conversación:

1. ¿Qué discuten Juanita y Margarita?
2. ¿Qué vieron en la televisión?
3. ¿En qué canal?
4. ¿Cuándo ocurrió la acción?
5. ¿Dónde se perdió la pastora?
6. ¿Qué hace en el bosque?
7. ¿Cómo se sintió la joven?
8. ¿Quién es el héroe?
9. ¿Cómo es él?
10. ¿Qué sintió el príncipe al ver a la pastora?
11. ¿Cuándo se despertó la joven?
12. ¿Qué le pidió la pastora?
13. ¿Cómo cambia Juanita el final?
14. ¿Qué responde Margarita?
15. ¿Qué final le gusta más a Ud.?

B. Generales

1. ¿Qué fecha es hoy?
2. ¿Qué viste anoche en la televisión?
3. ¿Dieron regalos en algún programa anoche?
4. ¿Qué canal prefieres?
5. ¿Le pidió Ud. a alguien la guía de televisión?
6. ¿Qué es la guía de televisión?
7. ¿Compra Ud. la guía de televisión?
8. ¿Se divirtió Ud. viendo televisión esta semana?
9. ¿Le gustan los finales felices?
10. ¿Cuáles programas son más divertidos:
    (a) las películas de vaqueros?
    (b) las películas de espantos?
    (c) los episodios policíacos?
    (d) las historias de amor?
    (e) los juegos?
11. ¿Miran los hombres las telecomedias?
12. ¿Se sintió Ud. bien anoche?
13. ¿A qué hora se durmió Ud. anoche?

14. ¿Cuántas horas durmió Ud.?

15. ¿Se durmió Ud. en clase alguna vez?

Vocabulario

la acción—action
el amor—love
　anterior—previous, earlier
　bastante—rather, enough, sufficient
el beso—kiss
la boca—mouth
el bosque—woods, forest
la broma—joke, jest
el campo—country, field
el canal—channel
　Colón—Columbus
　comenzar (ie)—to begin, start
　completo, -a—complete, entire
　Cristóbal—Christopher
　cualquier(a)—whichever, any
la cursilería—corniness
　declararse—to declare oneself
　descubrir—to discover
　divertirse (ie)—to enjoy oneself, have a good time
el documental—documentary
　dormirse—to go to sleep, to fall asleep
　echar—to throw; throw out, throw away
el episodio—episode
el espanto—terror, fright
　excepto—except
la fecha—date
　feliz—happy, glad
　finalmente—finally
　Francisco—Frank
la guía—guide; guidance; directory
el habitante—inhabitant
el héroe—hero

la heroina—heroine
la historia—history, story
la independencia—independence
　inventar—to invent
　Jorge—George
el juego—game
　jugar (ue)—to play (a game).
el/la materialista—materialist
el monstruo—monster
　nacer—to be born
　ocurrir—to occur, happen
el ojo—eye
la página—page
el pajarito—little bird
el pastor, (-a)—shepherd, shepherdess
la película—film, movie
　perder (ie)—to lose
　perderse (ie)—to get lost
la peseta—monetary unit of Spain
　policíaco, -a—of the police
el presidente—president
el príncipe—prince
　responder—to respond, answer
el ruido—noise
　soportar—to endure, bear
la telecomedia—soap opera
　Teodoro—Theodore
　terminar—to terminate, end
el terremoto—earthquake
el vaquero—cowboy

Modismos

de todos modos—at any rate, in any case
echar a perder—to ruin, spoil

ACTIVIDADES

I. Describa Ud. brevemente un programa que vio recientemente en la televisión o una película que vio en el cine. Tiene que incluír:

      1. el título del programa (o de la película)

      2. los actores

      3. el argumento

      4. el resultado

      5. su opinión (¿Le gustó o no? ¿Por qué?)

II. Escoja Ud. uno de los temas siguientes y cuente a la clase lo que pasó

      1. cuando Ud. se perdió en. . . .

      2. cuando Ud. perdió su cartera.

      3. cuando Ud. encontró . . . dólares

Vocabulario

el argumento—plot
  brevemente—briefly
  contar (ue)—to relate, tell
  escoger—to choose
  incluír—to include

la opinión—opinion
  recientemente—recently
el resultado—result, outcome
el tema—theme, topic
el título—title

Lección XX
EL CHISME

Diálogo para conversación

(La señora López y la señora Domínguez hablan de los amigos de sus hijas. Están en casa de la señora Domínguez.)

SRA. LÓPEZ: Dicen que Federico llevó a la cantante Carola Dado a la fiesta de los Pérez.

SRA. DOMÍNGUEZ: ¿Cómo lo supiste?

SRA. LÓPEZ: Me lo dijo Margarita. A ella se lo dijo otra amiga.

SRA. DOMÍNGUEZ: Pues, también la trajo aquí una vez. Nadie me pidió permiso para traerla.

SRA. LÓPEZ: ¡Qué desvergüenza! Y, ¿qué hizo la pobre Rosita?

SRA. DOMÍNGUEZ: Federico y Rosita son iguales. Rosita vino con el actor Francisco Sin-Otra.

SRA. LÓPEZ: ¡Alguien debe decirles algo! Y, ¿qué hiciste cuando se presentaron a tu fiesta con esos tipos?

SRA. DOMÍNGUEZ: Nada, linda, nada. Eso sí, quise morirme. Pero cuando se fueron, hablé con mi hija Juanita. La puse en su lugar por haberlos invitado.

SRA. LÓPEZ: Estuvo bien, muy bien. Tuviste mucho control.

SRA. DOMÍNGUEZ: Bueno, quizás no debemos contar chismes.

SRA. LÓPEZ: Pero, hija, no son chismes, son comentarios.

Gossip

(Mrs. López and Mrs. Domínguez are talking about their daughters' friends. They are in Mrs. Domínguez's home.

Mrs. LÓPEZ: They say that Fred took the singer Carola Dado to the Pérez's party.
Mrs. DOMÍNGUEZ: How did you find out?

MRS. LÓPEZ: Margaret told me. Another friend told her.

MRS. DOMÍNGUEZ: Well, he also brought her here once. No one asked me for permission to bring her.

MRS. LÓPEZ: How shameless! And what did poor Rosita do?

MRS. DOMÍNGUEZ: Fred and Rosita are alike. Rosita came with the actor Frank Sin-Otra.

MRS. LÓPEZ: Some one should say something to them! And, what did you do when they appeared at your party with those characters?

MRS. DOMÍNGUEZ: Nothing, dear, nothing. The fact is I could have died. But when they left, I talked to my daughter Juanita. I put her in her place for having invited them.

MRS. LÓPEZ: That was right, really right. You had a great deal of control.

MRS. DOMÍNGUEZ: Well, maybe we shouldn't gossip.

MRS. LÓPEZ: But, my dear, it's not gossip. They're commentaries.

I. Some Irregular Verbs in the Preterite

ESTAR		TENER	
estuve	estuvimos	tuve	tuvimos
estuviste	estuvisteis	tuviste	tuvisteis
estuvo	estuvieron	tuvo	tuvieron

SABER		PODER	
supe	supimos	pude	pudimos
supiste	supisteis	pudiste	pudisteis
supo	supieron	pudo	pudieron

PONER		QUERER	
puse	pusimos	quise	quisimos
pusiste	pusisteis	quisiste	quisisteis
puso	pusieron	quiso	quisieron

DECIR		HACER	
dije	dijimos	hice	hicimos
dijiste	dijisteis	hiciste	hicisteis
dijo	dijeron	hizo	hicieron

VENIR		TRAER	
vine	vinimos	traje	trajimos
viniste	vinisteis	trajiste	trajisteis
vino	vinieron	trajo	trajeron

Ejercicios

A. Ejercicio de substitución:

1. *Yo* supe que ellos se casaron.

   la Sra. López/ tú/ el profesor/ ellos/ tú y yo/ Rosita y Carola/ mis amigos/ él

2. *El profesor* no dijo nada.

   él/ los invitados/ Rosita/ yo/ Ud./ nosotros/ tú/ Ud.

3. *Juan* trajo la cerveza.

   yo/ nosotros/ ellos/ una amiga/ Carola/ tú/ Uds./ él

4. *Ellos* pusieron música para bailar.

   Ud./ yo/ ellas/ tú/ Juan/ Uds./ nosotros/ ella

5. *Tú* tuviste mucho control.

   la profesora/ mis padres/ yo/ el presidente/ nosotros/ Ud./ ellos/ ella

B. Repita la frase y luego dígala en el pretérito:

1. Mis amigos no *están* en casa.
2. La *pongo* en su lugar.
3. ¿Qué *hacen* ellos?
4. *Quieres* llamarla, ¿verdad?
5. No *quiero* ir a la fiesta.
6. ¿*Traen* ellos la cerveza?
7. Carola no *puede* venir.
8. Juan me *dice* la verdad.
9. No *podemos* hacerlo.
10. ¿Qué *tienes* que hacer esta semana?
11. Ese señor *sabe* el chisme.
12. Nosotros *venimos* a las ocho.

II. Indefinite and Negative Expressions

Alguien debe decirles *algo.*
Nadie me pidió permiso para traerla.

alguien	**nadie**	(refer to persons)
algo	**nada**	(refer to things)
alguno (algún)	**ninguno (ningún)**	(refer to persons
(-a, -os, -as)	**(-a)**	or things)
	nunca—never	
	tampoco—neither, not . . . either	

The negatives (*nadie, nada, ninguno, nunca*) may precede or follow the verb. If the negative follows the verb, then *no* or some other negative word must precede the verb.

Nadie me pidió permiso para traerla.
No me pidió nadie permiso para traerla.

Ejercicios

A. Repita y cambie según el modelo.

Modelo: *Alguien* debe decirles *algo.*
            Nadie debe decirles *nada.*

1. *Alguien* me dijo *algo.*
2. *Siempre* voy a *alguna* parte.
3. Mis padres *siempre* me dicen *algo.*
4. La profesora *también* lo supo.
5. *Uno* de mis amigos me lo contó.

B. Conteste negativamente.

1. ¿Le habló alguien a Ud.?
2. ¿Hizo Ud. alguna vez un viaje a México?
3. ¿Trajeron algo sus amigos?
4. ¿Supieron Uds. la verdad también?
5. ¿Conociste a alguna persona famosa

Diálogo para memorizar

JUAN: Federico, ¿cómo estuvo la fiesta anoche? Nadie me dice nada nunca. ¡Qué vida!
FEDERICO: Estuvo muy divertida. Pusimos música movida y bailamos mucho.
JUAN: Pero dime, ¿hiciste conquistas?
FEDERICO: No, porque fui con Carola. Después de la fiesta los cuatro vinimos a mi casa. Trajimos cervezas y nos divertimos muchísimo.

Juan: ¡Qué comprensivos son tú y Rosita! ¡Qué modernos!

Federico: Así somos. Al final, Carola y Francisco se fueron juntos.

PREGUNTAS

A. Sobre el diálogo para conversación:

1. ¿Quiénes hablan?
2. ¿Qué discuten ellas?
3. ¿Dónde están?
4. ¿A quien llevó Federico a la fiesta?
5. ¿Cómo lo supo la Sra. López?
6. ¿Cómo lo supo Margarita?
7. ¿Quiénes dieron la fiesta?
8. ¿A cuántas fiestas llevó Federico a Carola?
9. ¿Pidió permiso para llevarla?
10. ¿Por qué son iguales Rosita y Federico?
11. ¿Quién debe decircles algo?
12. ¿Qué quiso hacer la Sra. Domínguez?
13. Después de la fiesta, ¿qué hizo la Sra. Domínguez?
14. ¿Tuvo control la Sra. Domínguez?
15. Según las señoras, ¿están contando chismes?

B. Generales:

1. ¿Contó Ud. chismes alguna vez?
2. ¿Hizo Ud. conquistas en alguna fiesta?
3. ¿Cuál es la diferencia entre un chisme y un comentario?
4. ¿Le gusta a Ud. ir a fiestas solo (-a)?
5. ¿Quiere Ud. salir con alguna persona famosa? ¿Con quién?
6. ¿Repite Ud. los secretos que le dicen?
7. ¿Es Ud. comprensivo (-a)?
8. ¿Cómo es una persona moderna?
9. ¿Fue Ud. alguna vez a una fiesta sin invitación? ¿Qué pasó?
10. ¿A quién le pide permiso Ud. para salir?
11. Si Ud. se enoja, ¿tiene mucho control?
12. ¿Sale Ud. con otras parejas?

13. ¿Cómo estuvo la fiesta el sábado pasado?

14. ¿Qué chismes supieron Uds. ayer?

15. ¿Qué es la música movida?

Vocabulario

casarse—to get married
el comentario—comment
comprensivo, -a—understanding
la conquista—conquest
el control—control
el chisme—gossip
la desvergüenza—impudence
la diferencia—difference
divertido, -a—funny, amusing
enojarse—to get angry
haber—to have (auxiliary verb)

la invitación—invitation
lindo, -a—pretty; nice, fine
el lugar—place, spot
morirse (ue)—to die
movido, -a—lively
la parte—part, portion
presentarse—to appear, show up,
present oneself
repetir (i,i)—to repeat
el secreto—secret
solo, -a—alone
el tipo—type, sort

Lección XXI

LA CUENTA BANCARIA

Diálogo para conversación

(Federico y Juan hablan. Federico está muy enojado.)

FEDERICO: Estoy furioso. Los del banco no tienen vergüenza. Deposité $100.00 en mi cuenta de ahorros. En vez de sumarlos a mi saldo, los descontaron de él. Luego me informaron que tengo en mi cuenta $2.75.

JUAN: (Sonriendo.) Pues no tengas cuidado. Muéstrales su error.

FEDERICO: Pues, cuando llegué se lo expliqué a la empleada.

JUAN: Supongo que gozaste mostrando tu superioridad.

FEDERICO: Pues no gocé porque no la comprendieron. La empleada, con una sonrisa plástica y voz de computadora, exclamó: "Señor Guerra, tiene usted razón. Cometimos un error. Pero ya está arreglado: $2.75 más $100 son $102.75."

JUAN: Pues, entonces, ¿por qué te enojas?

FEDERICO: Porque mi saldo debe ser $202.75. ¡No seas tonto!

JUAN: Ah, sí. Deben devolverte los cien dólares que te quitaron, más los cien que depositaste. . . . ¡Qué lío! ¿Qué vas a hacer?

FEDERICO: Ya lo hice. Cuando me vio tan enojado, el gerente se escondió debajo del escritorio, pero lo busqué, lo encontré y me quejé.

JUAN: Y estoy seguro de que ya tienes tu dinero.

FEDERICO: Todavía no. Dicen que es muy difícil convencer a la computadora.

The Bank Account

(Federico and Juan are talking. Federico is very angry.)

FEDERICO: I'm furious. The people at the bank are shameless. I deposited $100.00 in my savings account. Instead of adding it to my balance, they deducted it. Then they informed me that I have $2.75 in my account.

JUAN: (Smiling.) Well, don't worry. Show them their error.

FEDERICO: Well, when I arrived I explained it to the clerk.

JUAN: I suppose you enjoyed showing them your superiority.

FEDERICO: Well, I didn't enjoy it because they didn't understand it. The clerk, with a plastic smile and a computer's voice, exclaimed, "Mr. Guerra, you are right. We made a mistake. But it's already corrected: $2.75 plus $100.00 is $102.75."

JUAN: Well, then why are you angry?

FEDERICO: Because my balance should be $202.75. Don't be dumb.

JUAN: Oh yes, they should return the $100.00 they took from you, plus the $100.00 that you deposited. What a mix up! What are you going to do?

FEDERICO: I already did it. When the manager saw that I was so angry, he hid under the desk, but I looked for him, found him and complained.

JUAN: And I'm sure that you already have your money.

FEDERICO: Not yet. They say that it's very difficult to convince the computer.

I. Preterite of Verbs with Changes in Spelling

Llegué y se lo *expliqué.* . . .
Pues no *gocé.* . . .

BUSCAR		*LLEGAR*		*GOZAR*	
busqué	buscamos	**llegué**	llegamos	**gocé**	gozamos
buscaste	buscasteis	llegaste	llegasteis	gozaste	gozasteis
buscó	buscaron	llegó	llegaron	gozó	gozaron

Verbs whose last consonant of the stem is *c, g,* or *z* require a change in spelling in the preterite to retain the original sound. The *c* changes to *qu* and the *g* to *gu* and the *z* to *c*. These changes occur in the first person singular form.

LEER		*CREER*	
leí	leímos	creí	creímos
leíste	leísteis	creíste	creísteis
leyó	**leyeron**	**creyó**	**creyeron**

In verbs like *leer* and *creer,* the *i* between the two vowels change to *y* in the third person singular and plural.

Ejercicios de substitución:

1. *Yo* lo busqué, pero no lo encontré.

   Juan/ nosotros/ tú/ Uds./ Federico y yo/ Ud./ yo/ ellos

2. *Federico* bailó y gozó mucho en la fiesta.

   nosotros/ tú/ Uds./ María y yo/ ellos/ Ud./ yo/ él

3. *Federico* llegó y se lo explicó al empleado.

   Uds./ yo/ nosotros/ Ud./ tú/ tú y yo/ mis amigos/ el gerente

4. *Nosotros* lo leímos, pero no lo creímos.

   yo/ Carmen y José/ Uds./ tú/ Carmen y yo/ Ud./ ellas/ la empleada

II. Other Idiomatic Uses of **TENER**

Los del banco no *tienen vergüenza*.
Pues no *tengas cuidado*.

tener cuidado	to be careful
tener la culpa	to be to blame
tener deseos de	to be anxious to
tener éxito	to be successful
tener ganas de	to feel like
tener prisa	to be in a hurry
tener vergüenza	to be ashamed

Since Spanish uses nouns in these expressions, the adjective *mucho* (*-a, -os, -as*) is used to translate the English "very."

Ejercicio

Conteste:

1. ¿Cuándo tiene Ud. cuidado? (¿al cruzar la calle? ¿al comprar algo en la tienda? ¿al contar su dinero?)

2. ¿Por qué tiene Ud. prisa hoy? (¿porque se levantó tarde? ¿porque tiene que llegar a tiempo? ¿porque no vio la hora?)

3. ¿En qué tiene Ud. éxito siempre? (¿en el juego? ¿en el amor? ¿en los negocios?)

4. ¿De qué tiene Ud. ganas? (¿de ir al cine? ¿de dormir? ¿de comer helado?)

5. ¿Qué dice Ud. cuando Ud. tiene la culpa? (¿perdóneme? ¿discúlpeme? ¿lo siento mucho?)

6. ¿De qué no tiene Ud. deseos ahora? (¿de trabajar? ¿de acostarse temprano? ¿de salir de casa?)

Diálogo para memorizar

CLIENTE: Señorita, quiero abrir una cuenta corriente, pero tengo prisa.
EMPLEADA: Muy bien, señor. Solamente llene usted estos formularios.
CLIENTE: ¿Puede usted darme una chequera hoy mismo?
EMPLEADA: Por supuesto, señor.
CLIENTE: Bueno, aquí está todo. Quiero abrir mi cuenta con un depósito de mil dólares.
EMPLEADA: (Con una gran sonrisa plástica.) Muy, muy bien, señor.
CLIENTE: También deseo unos cheques de viajero.
EMPLEADA: Cómo no, señor, ¿amarillos? ¿violetas? ¿con palmeras? o ¿con muchas gaviotas volando sobre el mar?

PREGUNTAS

A. Sobre el diálogo para conversación:

   1. ¿Cómo está Federico?

   2. ¿Qué dice Federico de los del banco?

   3. ¿Cuánto depositó Federico en su cuenta?

   4. ¿En qué cuenta depositó el dinero?

   5. ¿Qué hicieron los del banco?

   6. ¿Cuál es el saldo de Federico, según el banco?

   7. ¿Cuál debe ser el saldo, según Federico?

   8. ¿Quién tiene razón, el banco o Federico?

   9. ¿Se enojó Federico con los del banco?

  10. ¿Qué hizo el gerente al ver enojado a Federico?

  11. ¿Cómo es la sonrisa de la empleada?

  12. ¿Tiene voz agradable la empleada?

  13. ¿Está ya arreglado el problema de Federico?

  14. ¿Qué tienen que hacer los del banco?

  15. ¿Es fácil convencer a la computadora?

B. Generales:

   1. ¿Son útiles las cuentas bancarias?

   2. ¿Qué cuentas tiene Ud. en el banco?

   3. ¿Tiene Ud. mucho dinero en su cuenta de ahorros?

   4. ¿Usa Ud. mucho su cuenta corriente?

   5. ¿Se sobregira Ud. (overdraw) algunas veces?

   6. ¿Cómo deben ser los cajeros de los bancos?

   7. ¿Lleva Ud. dinero en efectivo (cash) cuando viaja?

8. ¿Paga Ud. con cheque las cosas que compra?

9. ¿Usa Ud. tarjetas de crédito?

10. ¿Qué hace Ud. si pierde su chequera?

11. ¿Tiene Ud. vergüenza de hablar en público?

12. ¿Siempre tiene Ud. éxito en los negocios?

13. ¿Tiene Ud. caja de seguridad en el banco?

14. ¿Tienen Uds. caja fuerte en su casa?

15. ¿Qué tasa de interés están ganando sus ahorros?

Vocabulario

los ahorros—savings
amarillo, -a—yellow
arreglado, -a—corrected, arranged
bancario, -a—banking
el banco—bank
el cajero—cashier
cometer—to commit
comprender—to understand
la computadora—computer
convencer—to convince
el crédito—credit
cruzar—to cross
la chequera—check book
depositar—to deposit
el depósito—deposit
descontar (ue)—to deduct, discount
devolver (ue)—to return, give back
disculpar—to excuse
el error—error
esconderse—to hide (oneself)
el escritorio—desk
exclamar—to exclaim
explicar—to explain
el formulario—form
furioso, -a—furious

la gaviota—seagull
el gerente—manager
gozar—to enjoy
informar—to inform
el lío—mix up, mess
llenar—to fill
mostrar (ue)—to show
el negocio—business
la palmera—palm tree
plástico, -a—plastic
el público—public
quejarse—to complain
el saldo—balance
seguro, -a—sure
sobregirarse—to overdraw
sonreír—to smile
la sonrisa—smile
sumar—to add, add up
la superioridad—superiority
suponer—to suppose
útil—useful
violeta—violet, violet-colored
volar (ue)—to fly
la voz—voice

Modismos

a tiempo—on time
caja de seguridad—safety box
cuenta corriente—checking account
en vez de—instead of

hoy mismo—this very day
tasa de interés—interest rate
no tenga cuidado—do not worry

ACTIVIDADES

I. Varios alumnos van a contarle a la clase, en forma narrativa, el incidente de Federico en el banco.

II. Mientras uno de los alumnos hace el papel de cajero de un banco, otros van a ser los clientes que vienen a efectuar diferentes operaciones bancarias.

Vocabulario

el cliente—client
    efectuar—to carry out, perform
la forma—form, shape
el incidente—incident

mientras—while
narrativo, -a—narrative
la operación—operation

Modismo

hacer el papel—to play a role

Lección XXII
LA INDEPENDENCIA DE MÉXICO

Diálogo para conversación

(Federico está tomando una clase de Historia de México. Como tarea para la semana que viene tenía que escribir una obra dramática, tomando como base un pasaje de la historia. Esto es lo que él escribió.)[1]

Don Miguel Hidalgo y don José María Morelos están en el cielo, mirando México desde arriba y recordando su estancia en la tierra.

HIDALGO: ¡Mira, Pepe! ¡Qué contentos están los mexicanos, a pesar del neblumo (new term for smog)!

MORELOS: Pues no estaban tan contentos a principios del siglo XIX, Mike.

HIDALGO: Es verdad. Los españoles nos daban mucha guerra. (Al decir "españoles," Hidalgo se muerde la lengua.)

MORELOS: Sí. ¡Esos españoles! (Se muerde la lengua también.) Se apoderaron de toda la riqueza.

HIDALGO: Por eso, Pepe, la noche del 15 de septiembre de 1810, subí al campanario de la iglesia y grité: "libertad, igualdad, fraternidad."

MORELOS: Me acuerdo, Mike, me acuerdo. Los niños lloraban, las mujeres rezaban. Entonces yo subí a mi caballo blanco y cruzando mil peligros, le entregué la carta a mi amigo Nelson que nos iba a ayudar contra Napoleón.

HIDALGO: (Tratando de quedar bien con Morelos) ¡Ofrecías una bella figura en tu caballo blanco!

MORELOS: Yo quería darle a cada uno de acuerdo con sus esfuerzos y con sus necesidades.

HIDALGO: Y cuando todo estaba calmado, yo fui a la cumbre del Popo y grité emocionado: "Vine, vi y vencí."

---

1. Los autores de este libro creen que Federico no hizo muy bien su investigación sobre la independencia de México. Consultaron cientos de libros sin poder encontrar las palabras que Federico atribuye a Hidalgo y a Morelos. Por supuesto que Hidalgo y Morelos no se llamaban el uno al otro "Mike" y "Pepe." Además los autores no comparten las opiniones de Federico sobre estos héroes.

The Independence of Mexico

(Federico is taking a class in Mexican History. As homework for next week he had to write a dramatic work using a historical passage as a base. This is what he wrote.)[1]

Don Miguel Hidalgo and don José María Morelos are in heaven looking at Mexico from above and recalling their stay on earth.

HIDALGO: Look, Pepe! How happy the Mexicans are in spite of the smog.

MORELOS: Well, they weren't so happy at the beginning of the 19th century, Mike.

HIDALGO: That's right. The Spaniards were causing us a lot of trouble. (On saying "Spaniards," Hidalgo bites his tongue.)

MORELOS: Yes, those Spaniards! (He also bites his tongue.) They seized all the wealth.

HIDALGO: For that reason, Pepe, on the night of the 15th of September of 1810, I climbed to the church belfry and shouted: "liberty, equality, and fraternity."

MORELOS: I remember, Mike, I remember. The children were crying, the women were praying. Then I mounted my white horse and facing a thousand dangers, I delivered the letter to my friend Nelson who was going to help us against Napoleon.

HIDALGO: (Trying to impress Morelos) You presented a pretty picture on your white horse!

MORELOS: I wanted to give to each in accord with his efforts and with his needs.

HIDALGO: And when all was quiet, I went to the top of Popo and shouted with great emotion: "I came, I saw, I conquered."

---

1. The authors of this book believe that Federico did not research the history of Mexico very carefully. They consulted hundreds of books without being able to find the words that Federico attributes to Hidalgo and Morelos. Of course Hidalgo and Morelos didn't call each other "Mike" and "Pepe." Furthermore the authors do not share Federico's opinions of these heroes.

I. Imperfect Indicative Tense

No *estaban* tan contentos . . .

. . . nos *daban* mucha guerra . . .

Imperfect Indicative of Regular Verbs

CANTAR   **COMER**

cant	aba	cant	ábamos	com	ía	com	íamos
cant	abas	cant	abais	com	ías	com	íais
cant	aba	cant	aban	com	ía	com	ían

VIVIR

viv	ía	viv	íamos
viv	ías	viv	íais
viv	ía	viv	ían

The endings for *-er* and *-ir* regular verbs are identical in the imperfect tense, and it translates as follows:

yo cantaba—I was singing; I used to (would) sing

Imperfect Indicative of Irregular Verbs

IR   **SER**   **VER**

iba	íbamos	era	éramos	veía	veíamos
ibas	ibais	eras	erais	veías	veíais
iba	iban	era	eran	veía	veían

Ejercicios

A. Ejercicios de substitución.

1. Elena *comía* mientras *estudiaba.*

    nosotros/ los alumnos/ tú/ mi hermano y yo/ Mercedes y Cecilia/ yo/ Uds./ Ud.

2. Mi padre nunca *fumaba* cuando *leía.*

    la profesora/ Uds./ nosotros/ tú/ mis amigos y yo/ los muchachos/ Ud./ yo

3. Yo siempre *iba* al parque cuando *era* joven.

    nosotros/ tú/ Ud./ Uds./ Carmen/ Ana y María/ él/ ellos

B. Repita las frases siguientes y luego cámbielas al pretérito y al imperfecto.

1. Federico se acuesta a las once.
2. Carmen y Juanita le hablan a las siete.
3. Federico no se levanta en seguida.
4. El tiene que correr.
5. Todos los alumnos contestan las preguntas.
6. Federico no se prepara.
7. El no hace lo que yo le digo.
8. Los muchachos se van a casa.
9. Carmen no trabaja.
10. El no vuelve a casa.

II. Usage of the Imperfect vs. the Preterite

The preterite is used to express completed actions in the past.

El 15 de septiembre *subí* al campanario.
(On the 15th of September I *climbed* to the belfry.)

The imperfect is used:

1. To describe actions in progress in the past.

   Los niños *lloraban*. (The children *were crying*.)

2. To express customary or habitual actions in the past.

   Los españoles nos *daban* mucha guerra.
   (The Spaniards *used to cause* us a lot of trouble.)

3. To describe the quality, condition, or location of things in the past.

   Todo *estaba* calmado. (All *was* quiet.)

4. To describe states of being—physical, emotional, or intellectual—in the past.

   No *estaban* tan contentos a principios del siglo XIX.
   (*They weren't* so happy at the beginning of the 19th century.)

5. To tell time in the past.

   Eran las diez de la noche. (*It was* 10 o'clock p.m.)

III. Special Meaning of Some Verbs in the Preterite Tense

No *supiste* que Federico sacó una "F."
Federico no *quería* hacer la investigación.
No *quise* ir.

IMPERFECT	PRETERITE

CONOCER

María *conocía* a Juan.
  Mary *knew* John.

María *conoció* a Juan.
  Mary *met* (was introduced to)
  John.

QUERER

Yo quería venderlo.
  I *wanted* to sell it.

Quise venderlo.
  I *tried* to sell it.

Yo no quería venderlo
  I *didn't want* to sell it.

No quise venderlo.
  I *refused* to sell it.

SABER

Yo sabía que Juan estaba en Europa.
  I *knew* that John was in Europe.

Supe que Juan estaba en Europa.
  I *found out (learned)* that John was in Europe.

Ejercicio

Conteste:

1. ¿Qué hacía Ud. cuando yo entré en la sala de clase?
2. ¿Qué hora era cuando Ud. salió de casa?
3. ¿A dónde iban Ud. y su familia cuando era niño (niña)?
4. ¿A qué escuela iba Ud. cuando era pequeño (pequeña)?
5. ¿Había muchas niñas en su clase?
6. ¿Dónde vivían Ud. y su familia en 1970?
7. ¿Cantaba yo cuando Ud. entró en la sala de clase?
8. ¿Leíamos la lección cuando Ud. llegó a clase?
9. ¿Comía yo cuando Ud. me habló?
10. ¿Lo vi a Ud. cuando Ud. hablaba con sus amigos?

Diálogo para memorizar

JUANITA: ¿No fuiste a clase ayer?
MARGARITA: No, no quise ir porque no preparé la lección.
JUANITA: Entonces no supiste que Federico sacó una "F."
MARGARITA: Me lo imaginaba. No quería hacer la investigación.
JUANITA: Pues yo lo entiendo. Era una tarea bastante aburrida.
MARGARITA: Pero, desde el principio nosotros ya veíamos lo que nos esperaba.
JUANITA: Sí, pero no conocíamos bien al profesor. Es un tirano de biblioteca.

PREGUNTAS

A. Sobre el diálogo para conversación:

1. ¿Qué clase está tomando Federico?
2. ¿Qué tarea tenía que hacer Federico?
3. ¿Quiénes fueron Miguel Hidalgo y José María Morelos?
4. ¿Dónde están Hidalgo y Morelos, según Federico?
5. ¿Cómo están los españoles?
6. ¿Qué dice Hidalgo de los españoles?
7. ¿Qué se muerde Hidalgo?
8. ¿Qué dice Morelos de los españoles?
9. ¿Cuándo se celebra la independencia de México?
10. ¿A dónde subió Hidalgo?
11. ¿Qué hacían los niños y las mujeres?
12. ¿Quién iba a ayudar a los mexicanos?
13. ¿Quién quería quedar bien con morelos?
14. ¿Qué quería Morelos?
15. ¿A dónde fue Hidalgo?

B. Generales:

1. ¿Cuándo supo Ud. que iba a venir a esta universidad?
2. ¿Quería Ud. ir a otra universidad?
3. ¿Qué hora era cuando Ud. comenzó a estudiar ayer?
4. ¿Qué tiempo hacía cuando Ud. se levantó esta mañana?
5. ¿Tuvo Ud. que trabajar mucho la semana pasada?
6. ¿Tenía Ud. que estudiar mucho cuando era pequeño (-a)?
7. ¿Cuándo me conoció Ud.?
8. ¿Me conocía Ud. antes de comenzar el curso?
9. ¿Quiere Ud. quedar bien con alguien?
10. ¿A quiénes les daba Ud. mucha guerra cuando era pequeño (-a)?
11. Si yo digo: "no quise ir al cine anoche," ¿fui al cine anoche?
12. Si yo digo: "Carmen no quería ir al cine anoche," ¿fue Carmen al cine anoche?
13. Si yo digo: "Roberto estaba enfermo ayer," ¿está todavía enfermo Roberto?
14. Si yo digo: "Antonio estuvo enfermo ayer," ¿está todavía enfermo Antonio?
15. ¿En qué ciudades de los Estados Unidos hay mucho "neblumo"?

Vocabulario

acordarse (ue)—to remember, recall
apoderarse—to take possession of, seize
arriba—above, up
atribuir—to attribute
ayudar—to help, aid
la base—base, basis
bello, -a—beautiful
el caballo—horse
calmado, -a—quiet, calm
el campanario—belfry
el cielo—sky
compartir—to share
contra—against
la cumbre—top, summit
el curso—course, class
desde—from, since
dramático, -a—dramatic
emocionado, -a—touched, full of emotion
entregar—to hand over, give, deliver
el esfuerzo—effort
la estancia—stay
la figura—figure, picture
la fraternidad—fraternity, brotherhood
fumar—to smoke

la iglesia—church
la igualdad—equality
imaginarse—to imagine
la investigación—investigation, research
la lengua—tongue, language
la libertad—liberty
llorar—to cry
morderse (ue)—to bite
el neblumo—smog
la necesidad—necessity
ofrecer—to offer
el pasaje—passage, selection
el peligro—danger, peril
prepararse—to prepare oneself
el principio—beginning
quedar—to be left, remain
rezar—to pray
la riqueza—wealth, riches
el siglo—century
subir—to go up, climb;
la tarea—task, job; homework
la tierra—land, earth
el tirano—tyrant
la universidad—university
vender—to sell

Modismos

a pesar de—in spite of
a principios—at the beginning
darle guerra (a uno)—to cause trouble (to someone)
de acuerdo (con)—in agreement (with)
en seguida—immediately
quedar bien—to impress
la semana que viene—next week

ACTIVIDADES

1. Mire los retratos de las páginas siguientes y describa a cada uno de los personajes. Dé el lugar de origen, ocupación, etc.

2. Vea nuevamente los retratos que se dieron en la actividad de la Lección II.

3. Seleccione un personaje famoso de cualquiera de las dos listas. La clase tiene que adivinar en quién está Ud. pensando, siguiendo este método:

   A. Los estudiantes hacen preguntas que pueden contestarse solamente con un "sí" o un "no." Por ejemplo:

      César
      ¿Era americano?   No.
      ¿Era romano?   Sí.

   B. Si un estudiante piensa que sabe de qué personaje se trata, puede dar un nombre, pero si no es el personaje en que Ud. estaba pensando, ese estudiante pierde y no puede hacer más preguntas durante la actividad.

4. El estudiante que adivinó el nombre del personaje tiene derecho a pensar en otro personaje. Luego la clase trata de adivinar en quién está pensando.

Vocabulario

asesinado, -a—murdered
asesinar—to murder
comunista—communist
Egipto—Egypt

italiano, -a—Italian
Marco Antonio—Mark Anthony
el retrato—picture
seleccionar—to choose

Winston Churchill

Isabel La Católica

Abraham Lincoln

Mao Tse Tung

Isabel I De Inglaterra

Charles De Gaulle

Eleanor Roosevelt

John Kennedy

Charles Chaplin

Cleopatra

Cristóbal Colón

Martin Luther King

Lección XXIII
LAS LEYENDAS DE MÉXICO

Diálogo para conversación

(Federico y Juanita están en la cafetería de la escuela. Juanita se ve muy cansada y bosteza con frecuencia.)

FEDERICO: ¿Qué te pasa, criatura? Pareces la hija de Drácula.

JUANITA: Pues así me siento también. Anoche no pude dormir.

FEDERICO: Pensando en Armando . . .

JUANITA: No, pensando en fantasmas. Mi abuelita está pasando unos días con nosotros y nos ha estado contando leyendas de México.

FEDERICO: ¿Te contó la de la Llorona, que ha llorado por las calles de México durante siglos?

JUANITA: Sí, pero esa me la contó hace un año. Esta vez me contó la del muchacho a quien se le murió la novia.

FEDERICO: Pero insistió en casarse con ella. Le puso un apartamento con cocina eléctrica.

JUANITA: ¡Qué gracioso! En esa época no tenían ni apartamentos ni cocinas eléctricas.

FEDERICO: Hemos adelantado bastante. Tampoco nos casamos con los muertos hoy en día.

JUANITA: ¡Ay, Federico! ¡Qué gracioso!

FEDERICO: ¿No te contó la leyenda del Popo y el Ixtla? Siempre me ha gustado porque es una historia de amor.

JUANITA: Pues no, no nos la contó. Mi abuelita tiene ochenta años y ya no piensa en el amor.

Legends of Mexico

(Federico and Juanita are in the school cafeteria. Juanita looks very tired and yawns frequently.)

FEDERICO: What's the matter, honey? You look like Dracula's daughter.

JUANITA: Well that's the way I feel too. Last night I couldn't sleep.

FEDERICO: Thinking about Armando . . .

JUANITA: No, thinking about ghosts. My grandmother is spending a few days with us and she's been telling us legends of Mexico.

FEDERICO: Did she tell you about the weeper, who has wept through the streets of Mexico for centuries?

JUANITA: Yes, but she told me that one a year ago. This time she told me the one about the boy whose girlfriend died.

FEDERICO: But he insisted on marrying her. He got her an apartment with an electric kitchen.

JUANITA: How amusing! In those days they neither had apartments nor electric kitchens.

FEDERICO: We've come a long way. Neither do we marry dead people nowadays.

JUANITA: Oh, Federico! How funny!

FEDERICO: Didn't she tell you about the legend of Popo and Ixtla? I have always liked it because it's a love story.

JUANITA: Well no, she didn't tell us that one. My grandmother is eighty years old and she doesn't think about love anymore.

I. The Past Participle

Nos ha *estado* contando leyendas de México.
Ha *llorado* por las calles de México durante siglos.

HABLAR: **habl** + **ado** = hablado

COMER: **com** + **ido** = comido

VIVIR: **viv** + **ido** = vivido

The past principle is regularly formed by adding *-ado* to the stem of *-ar* verbs, and *-ido* to the stem of *-er* and *-ir* verbs. (Some irregular past participles will be given in the next lesson.)

Ejercicio

Cambie según el modelo.

Modelo: hablar—*hablado*
           comer—*comido*
           vivir—*vivido*

1. buscar	11. querer
2. sentir	12. quedar
3. sentar	13. dormir
4. salir	14. vender
5. tener	15. desayunar
6. peinar	16. conocer
7. estar	17. rugir
8. aprender	18. pedir
9. gustar	19. ser
10. servir	20. preferir

II. Present Indicative of *HABER* and the Present Perfect Tense

Nos *ha estado* contando leyendas de México.
Hemos adelantado bastante.

Present Indicative of
HABER

he	**hemos**
has	**habéis**
ha	**han**

Haber is most frequently used as a helping verb with the past participle to form the perfect tenses.

Present Perfect Tense

he hablado	I have spoken
has hablado	you have spoken
ha hablado	he/she has spoken, you have spoken
hemos hablado	we have spoken
habéis hablado	you have spoken
han hablado	they/you have spoken

In the present perfect tense the participle always ends in *-o.*
Object pronouns will precede the conjugated form of *haber.*

Ejercicios

A. Ejercicio de substitución.

1. *Juanita* no ha dormido bien.

   mi abuelita/ él/ yo/ los niños/ tú/ Uds./ nosotros/ Ud.

2. *Mis abuelos* han contado leyendas de México.

   yo/ los mexicanos/ la profesora/ Uds./ nosotros/ tú/ Ud./ mis amigos

B. Diga las frases en (1) el pretérito (2) el imperfecto (3) el presente perfecto.

   1. Yo les cuento una historia de amor.
   2. Ella no duerme bien por la noche.
   3. Los estudiantes entran y se sientan.
   4. Juanita bosteza y se duerme.
   5. Ud. sabe bien esta lección.

III. Time Expressions Using *HACER*

Hace meaning "ago" or "since."

Me la contó *hace un año*.

HACE = ago, since

Me la contó *hace un año*.
Hace un año que me la contó.

She told it to me a year ago.
It is a year since she told it to me.

The form *hace* is regularly used to mean "ago" or "since" with an expression of time if the sentence is in the past tense. If the *hace* clause comes first in the sentence, *que* usually introduces the main clause, but *que* is omitted if *hace* and the time expression come after the verb.

Ejercicio

Cambie según el modelo.

Modelo: Leí esa historia.   *Leí esa historia.*
          dos años.   *Hace dos años que leí esa historia.*

   1. Visitaron México.   Cinco años.
   2. Estudié la lección.   Una hora.
   3. Me vio.   Muchos años.
   4. Salieron juntos.   Tres meses.
   5. Se casaron.   Veinte años.

Diálogo para memorizar

FEDERICO: ¡Hermano ¡Me he declarado a Rosita!
PEPE: Y, ¿qué te ha contestado?
FEDERICO: Ni que sí, ni que no, sólo ha dicho "quizás."
PEPE: Bueno, en cierta forma hace años que te dio el "sí." Sólo sale contigo.
FEDERICO: Sí, pero declarado el noviazgo, sigue el matrimonio. Creo que Rosita ha tenido miedo.

PREGUNTAS

A. Sobre el diálogo para convesación:

1. ¿Dónde están Federico y Juanita?

2. ¿Cómo se ve Juanita?

3. ¿Por qué le dice Federico que parece la hija de Drácula?

4. ¿Es Drácula pálido?

5. ¿Durmió bien anoche Juanita?

6. ¿En qué ha estado pensando?

7. ¿Quién ha estado de visita en casa de Juanita?

8. ¿Qué les ha estado contando?

9. ¿Cuánto tiempo hace que les contó la historia de la Llorona?

10. ¿Quién era la Llorona?

11. ¿Qué leyenda les contó esta vez?

12. ¿Conoce Federico esta leyenda? ¿Le gusta?

13. ¿Cuál de todas las leyendas le gusta más a Federico?

14 ¿Por qué?

15. ¿Le gusta esta leyenda a la abuelita de Juanita?

B. Generales:

1. ¿Cuántas veces se ha acostado Ud. tarde este mes?

2. ¿Ha bostezado Ud. con frecuencia en clase?

3. ¿Se ha desvelado Ud. alguna vez pensando en alguien o en algo?

4. ¿Le gustan a Ud. las leyendas?

5. ¿Qué es una leyenda?

6. ¿Tenemos leyendas en California? ¿Cuál? (Mount Tamalpais)

7. ¿Qué es un fantasma?

8. ¿Ha visto Ud. alguna vez un fantasma?

9. ¿Cuánto tiempo hace que alguien le contó a Ud. una historia de fantasmas?

10. ¿La creyó Ud.?

11. ¿Le gustan a Ud. las historias de amor?

12. ¿Es cierto que a los viejos no les gustan las historias de amor?

13. ¿Le cuenta a Ud. leyendas su abuelita?

14. ¿Cuánto tiempo hace que no ve Ud. a su abuelita?

15. ¿Cuántos años tiene su abuelita?

Vocabulario

la abuelita—grandmother
  adelantar—to move ahead, progress
el apartamento—apartment
  bostezar—to yawn
  cierto, -a—certain
la cocina—kitchen
la criatura—child, infant
  desvelarse—to stay awake

eléctrico, -a—electric
especialmente—especially
el fantasma—ghost
  insistir (en)—to insist (on)
  juntos, -as—together
la leyenda—legend
el muerto—dead person
el noviazgo—going steady
  pálido, -a—pale
  semejante—similar, alike

Modismos

estar de visita—to be visiting, on a visit
hoy en día—nowadays
la Llorona—weeper, one who weeps

ACTIVIDADES

NOTA CULTURAL: Hay muchas versiones de las leyendas mencionadas en este capítulo. Las que se presentan aquí son simplemente las que los autores recuerdan de su niñez.

LA LLORONA

En tiempos coloniales vivía en la Ciudad de México una hermosa joven española. Era casada y tenía dos hijos. Uno de los conquistadores se enamoró de ella y la joven llegó a corresponder su cariño, pero no quiso vivir con el conquistador para no abandonar a sus hijos.

El conquistador, enfurecido, mató a los dos niños. La joven nunca se consoló de la muerte de sus dos niños. Dice la leyenda que desde entonces, en las frías noches de febrero y marzo, especialmente cuando el viento sopla entre los árboles, puede oírse el alma en pena de la Llorona gimiendo: "Mis hijos, ¿dónde están mis hijos . . .?"

EL POPO Y EL IXTLA

Ixtlacihuatl era una hermosa princesa india. Su padre era un hombre muy poderoso. La princesa se enamoró del príncipe Popocatepetl, quien también la amaba. Popocatepetl era el hijo de otro hombre muy poderoso y rival del padre de Ixtlacihuatl.

Las familias de los jóvenes no les permitieron casarse. Por eso, éstos decidieron huir a la montaña. Cuando las familias se enteraron, mandaron a sus ejércitos tras ellos.

Al llegar a la cima de una montaña, la joven se acostó sobre la tierra a descansar, y el joven se paró junto a ella para protegerla. La Madre Naturaleza se apiadó de ellos, y los cubrió de nieve para ocultarlos.

Las personas que van al Valle de México pueden todavía ver el Ixtla, el volcán bajo el que duerme la hermosa princesa india y el Popo, bajo el que el joven príncipe todavía vigila a su princesa. El príncipe tiene en sus manos una antorcha encendida para proteger a su amada de los animales feroces. En nuestros días todavía salen chispas y lumbre de esa antorcha.

Discusión de las leyendas.

Lean Uds. las leyendas de México que hemos incluído en esta lección. Estén preparados para discutirlas en clase.

  a. ¿Por qué creen Uds. que han durado estas leyendas?

  b. ¿Conocen Uds. otras leyendas o historias semejantes de otras culturas?

  c. ¿Cuáles le gustan a Ud. más?

Vocabulario

abandonar—to abandon
el alma—soul
la amada—beloved
el animal—animal
la antorcha—torch
apiadarse—to have pity
el capítulo—chapter
la cima—top, summit
colonial—colonial
el conquistador—conqueror
consolarse—to console
corresponder—to correspond; reciprocate, return
cubrir—to cover
la cultura—culture
la chispa—spark
decidir—to decide
la discusión—discussion
durar—to last
el ejército—army
enamorarse (de)—to fall in love (with)
encendido, -a,—lighted
enfurecido—infuriated, enraged
enterarse—to find out

feroz—ferocious, fierce
gemir—to moan, groan
indio, -a—Indian
la lumbre—fire
matar—to kill
mencionado, -a—mentioned
la montaña—mountain
la niñez—childhood
ocultar—to hide
pararse—to stop
la pena—pain, hardship, sorrow
permitir—to permit
poderoso, -a—powerful
presentar—to present, introduce
la princesa—princess
proteger—to protect
el rival—rival, opponent
simplemente—simply
tras—after, behind
el valle—valley
la versión—version
vigilar—to watch over
el volcán—volcano

Modismos

la Madre Naturaleza—Mother Nature

Lección XXIV
EN LA ZAPATERÍA

Diálogo para conversación

(Juanita y Margarita platican sobre sus experiencias como vendedoras en zapaterías.)

JUANITA: ¡Qué día he pasado! ¡Estoy tan cansada! Todo el mundo quería devolver o cambiar algo.

MARGARITA: Sí, te comprendo. Yo también he trabajado en zapaterías. Pero había algunos casos graciosos.

JUANITA: Pues, cuéntame uno, porque yo no les veo la gracia.

MARGARITA: Recuerdo especialmente a una viejita que quería devolver un par de zapatos.

JUANITA: Y, no los había comprado en tu tienda.

MARGARITA: Sí, los había comprado en mi tienda.

JUANITA: Pero, no había guardado el recibo.

MARGARITA: Sí, había guardado el recibo.

JUANITA: ¿Por qué quería devolverlos?

MARGARITA: Porque cuando los compró nos había pedido un par del número 9. Le habíamos dado un par con el pie derecho del número 9 y el pie izquierdo del número 8.

JUANITA: (Riendo.) Pues, pobre señora. ¡Tenía razón! Pero no veo nada extraño en su reacción.

MARGARITA: No, lo único extraño es que la viejita había comprado los zapatos en enero y no los devolvió hasta marzo. Los había usado dos meses antes de descubrir que el izquierdo le molestaba un poco.

At the Shoe Store

(Juanita and Margarita are chatting about their experiences as salesgirls in shoe stores.)

JUANITA: What a day I've had! I am so tired! Everybody wanted to return or exchange something.

MARGARITA: Yes, I understand. I have also worked in shoe stores. But there were some amusing instances.

JUANITA: Well, tell me one, because I don't see what's amusing about them.

MARGARITA: I especially remember a little old lady who wanted to return a pair of shoes.

JUANITA: And she hadn't bought them in your store.

MARGARITA: Yes, she had bought them in my store.

JUANITA: But, she hadn't kept the receipt.

MARGARITA: Yes, she had kept the receipt.

JUANITA: Why did she want to return them.

MARGARITA: Because when she bought them she had asked us for a pair of size 9. We had given her a pair with the right foot size 9 and the left foot size 8.

JUANITA: (Laughing.) Well, poor lady. She was right! But I don't see anything strange in her reaction.

MARGARITA: No, the only strange thing is that the little old woman had bought the shoes in January and she didn't return them until March. She had worn them two months before discovering that the left one was bothering her a little.

I. Some Irregular Past Participles

ABRIR	**abierto** = opened
CUBRIR	**cubierto** = covered
DECIR	**dicho** = said
DESCUBRIR	**descubierto** = discovered
DEVOLVER	**devuelto** = returned
ESCRIBIR	**escrito** = written
HACER	**hecho** = done, made
MORIR	**muerto** = died, dead
PONER	**puesto** = put
ROMPER	**roto** = broken
VER	**visto** = seen
VOLVER	**vuelto** = returned

II. The Pluperfect Indicative Tense

Los *había comprado* en mi tienda.

había abierto	I had opened
habías abierto	you (fam,) had opened
había abierto	he/she, you (form.) had opened
habíamos abierto	we had opened
habíais abierto	you (fam.) had opened
habían abierto	they, you (form.) had opened

To form the pluperfect tense, use the imperfect of *haber* and the past participle of the main verb.

Ejercicios

A. Ejercicio de substitución.

   1. *Marta* había vuelto a casa temprano.

      Andrés y José/ tú/ Uds./ yo/ la viejita/ Ud./ nosotros/ mi mamá

   2. *Juan* lo había hecho.

      tú/ nosotros/ ella/ ellos/ Ud./ tú y yo/ Uds./ yo

B. Cambie según el modelo.

   Modelo: ¡Qué día he pasado!   ¡Qué día *había pasado!*

   1. Yo he comprado muchas cosas.
   2. Hemos trabajado mucho.
   3. Ellos no han llegado.
   4. Mi abuela lo ha hecho.
   5. El profesor nos ha dicho eso.
   6. ¿Han tomado el examen?
   7. El príncipe le ha dado un beso.
   8. La pobre ha muerto.
   9. Cristóbal Colón ha descubierto América.
   10. ¿Has estado en Nueva York?

C. Cambie según el modelo.

   Modelo: Yo lo había puesto aquí.   (ver)
   　　　　Yo lo había *visto* aquí.

   1. Ana los había devuelto. (romper)
   2. Ellos los habían escrito. (leer)
   3. Ella ya la había abierto. (ver)
   4. Ellos lo habían descubierto. (decir)
   5. ¿Quién lo había visto? (hacer)

D. Conteste según el modelo.

Modelo: ¿Quién la escribió?   *Juanita la había escrito.*

1. ¿Quién los devolvió?
2. ¿   la abrió?
3. ¿   lo hizo?
4. ¿   las puso aquí?
5. ¿   la vio?
6. ¿   lo dijo?
7. ¿   se molestó?
8. ¿   lo guardó?
9. ¿   lo pidió?
10. ¿   los cambió?

Diálogo para memorizar

SEÑORA: ¿Qué barbaridad! Ya son las diez y todavía no han abierto la zapatería.
(En ese momento abren las puertas y un vendedor se acerca a la señora.)
VENDEDOR: ¿Le gustan algunos zapatos del escaparate?
SEÑORA: No. Había visto aquí unos zapatos verdes muy bonitos la semana pasada. Pero ya no están.
VENDEDOR: Seguramente los tenemos adentro. ¿Qué número usa Ud.?
SEÑORA: Uso 7½, angosto. Si tiene el mismo modelo en tacón bajo, lo prefiero.
VENDEDOR: (Vuelve un poco después.) ¿Son éstos los que le habían gustado?
SEÑORA: Sí, gracias. (Se los prueba.) Están muy bonitos. Me los llevo.

PREGUNTAS

A. Sobre el diálogo para conversación:

1. ¿Quiénes están platicando?
2. ¿Dónde están Juanita y Margarita?
3. ¿Sobre qué platican?
4. ¿Cómo se siente Juanita?
5. ¿Por que ha tenido un día difícil?
6. ¿Dónde ha trabajado Margarita también?
7. ¿Qué dice Margarita de sus experiencias?
8. ¿Quién quería devolver un par de zapatos?
9. ¿Había comprado los zapatos en esa tienda?
10. ¿Había guardado el recibo?
11. ¿Qué número de zapatos había pedido?

12. ¿Qué le dieron?

13. ¿Cuándo compró los zapatos?

14. ¿Había usado los zapatos?

15. ¿Cuál zapato le molestaba?

B. Generales:

1. ¿Ha trabajado Ud. de vendedor (-a)? ¿Dónde?

2. ¿Es difícil esta clase de trabajo?

3. ¿Qué es una zapatería?

4. ¿Le gusta a Ud. comprar zapatos?

5. ¿Le gusta probarse zapatos nuevos?

6. Dónde compra Ud. sus zapatos? (zapatería, almacén, etc.)

7. Cuando van a comprar zapatos, ¿quiénes se prueban más zapatos? ¿Las mujeres o los hombres?

8. ¿Cuánto cuesta un buen par de zapatos ahora?

9. ¿Prefiere Ud. usar los zapatos viejos o los nuevos?

10. ¿Qué número de zapatos usa Ud.?

11. ¿De qué color son sus zapatos?

12. ¿Cuándo devuelve Ud. las cosas que ha comprado?

13. Cuando Ud. devuelve algo, ¿qué le dan a cambio?

14. ¿Qué es un recibo?

15. ¿Por qué es importante tenerlo cuando Ud. va a devolver algo?

Vocabulario

adentro—inside
Andrés—Andrew
angosto, -a—narrow
la barbaridad—outrage,
el escaparate—show window,
la experiencia—experience
extraño, -a,—strange, foreign
la gracia—witicism, joke
guardar—to keep

el par—pair
el pie—foot
probarse—to try on
la reacción—reaction
el recibo—receipt
reír—to laugh
romper—to break
el tacón—heel
único, -a—only
el vendedor—salesman

Modismo

a cambio—in exchange

Lección XXV
EXCUSAS

Diálogo para conversación

(Federico está tratando de explicar a su profesora de Historia de México por qué no podrá ir a clase.)

FEDERICO: Sabe usted, señorita Cuauhtémoc, mañana no podré venir a clase. Tengo que ir al dentista.

SRTA. C.: Federico, va Ud. tan seguido al dentista que ya le habrá extraído todas las muelas. ¿No tiene otra hora libre el dentista?

FEDERICO: ¡Uy, no, señorita! Está muy ocupado. El miércoles tampoco podré venir.

SRTA. C.: (Medio enojada.) ¿Ah, sí? Y, ¿por qué?

FEDERICO: Porque tendré que llevar a mi hermanito al parque. Está un poco neurótico y el psiquiatra dice que necesita mi compañía.

SRTA. C.: Seguramente tendrá otros hermanos.

FEDERICO: Sí, doce, pero están más ocupados que yo. Por supuesto que no quiero abusar, señorita, ¡Dios me libre! Pero el jueves tengo junta de "Los estudiantes oprimidos".

SRTA. C.: Pues entiendo, la política es más importante. Lo veo el viernes.

FEDERICO: El viernes no, no, señorita, lo siento mucho. No puedo venir el viernes (con los ojos llenos de lágrimas).

SRTA. C.: ¡El viernes tampoco puede venir! En ese caso, mejor sálgase usted de mi clase.

FEDERICO: Ay, señorita, ¿cómo puede usted hablarme con tanta crueldad? El viernes, señorita, el viernes se morirá mi abuelita.

Excuses

(Federico is trying to explain to his teacher of Mexican History why he will not be able to go to class.)

FEDERICO: You know, Mis Cuauhtémoc, I won't be able to come to class tomorrow. I have to go to the dentist.

MISS. C.: Federico, you go to the dentist so often that by now he has probably pulled out all your molars. Doesn't the dentist have another free hour?

FEDERICO: Oh, no, ma'am. He's very busy. I won't be able to come on Wednesday either.

MISS C.: (Somewhat vexed.) Oh yes? And why?

FEDERICO: Because I'll have to take my little brother to the park. He's a little neurotic and the psychiatrist says that he needs my company.

MISS C.: Surely you must have other brothers.

FEDERICO: Yes, twelve, but they are busier than I. Of course, I don't want to take advantage, ma'am, God forbid! But on Thursday I have a meeting of the "Oppressed Students".

MISS C.: Well I understand, politics is very important. I'll see you on Friday.

FEDERICO: Not on Friday, ma'am, I'm very sorry. I can't come on Friday (with his eyes full of tears).

MISS C.: You can't come on Friday either! In that case you'd better drop my class.

FEDERICO: Oh, ma'am, how can you speak to me so cruelly? On Friday my granny will die.

I. Future Indicative Tense

Mañana no *podré* venir a clase.

Future Tense: **Regular Verbs**

CANTAR

cantar é	I shall sing	**cantar emos**	we shall sing
cantar ás	you (fam.) will sing	**cantar éis**	you (fam.) will sing
cantar á	he/she will sing	**cantar án**	they will sing
	you (form.) will sing		you (form.) will sing

COMER   VIVIR

comer é	**comer emos**	**vivir é**	**vivir emos**
comer ás	**comer éis**	**vivir ás**	**vivir éis**
comer á	**comer án**	**vivir á**	**vivir án**

The endings for the future tense are identical for all verbs in Spanish and they are added to the infinitive.

Some Irregular Verbs

HABER: habré, habrás, habrá, habremos, habréis, habrán
PODER: podré, podrás, podrá, etc.
QUERER: querré, -ás, -á, etc.
SABER: sabré, etc.

PONER: pondré, etc.
SALIR: saldré, etc.
TENER: tendré, etc.
VALER: valdré, etc.
VENIR: vendré, etc.

DECIR: diré, etc.
HACER: haré, etc.

Ejercicios

A. Ejercicio de substitución.

1. *La profesora* llegará a tiempo.

   Uds./ nosotros/ Federico/ mis amigos/ mis padres y yo/ yo/ Ud./ tú/ ella

2. *Nosotros* no sabemos si vendremos a la fiesta.

   yo/ ellos/ Elena y yo/ Uds./ los alumnos/ Ud./ tú/ él/ las muchachas

B. Repita la frase y luego cámbiela al tiempo futuro (future tense).

1. Supongo que Elena *quiere* ir al cine.
2. *Tenemos* que llevarlo al parque.
3. Mi padre cree que *puedo* hacerlo.
4. ¿Por qué no *sabe* Ud. la lección?
5. ¿*Salen* Uds. a las nueve?
6. ¿En qué estación *hace* Ud. el viaje?
7. Yo le *digo* siempre la verdad.
8. ¿Dónde los *pone* Ud.?
9. ¿*Hay* mucha gente en la fiesta?
10. Estoy seguro de que nunca *vienes* a la escuela.

C. Conteste.

1. ¿Bailarán Uds. mañana?
2. ¿Les haré a Uds. muchas preguntas?
3. ¿Dará Ud. un paseo el domingo?
4. ¿Podremos venir a clase el sábado?
5. ¿Vendrá Ud. a la fiesta esta noche?
6. ¿Tendrán Uds. que asistir a la junta?

7. ¿Le dirás que lo (la) quieres?
8. ¿Tendré que esperarte?
9. ¿A qué hora saldrá Ud. de la clase?
10. ¿Cuándo sabrán Uds. la lección?

II. Future Perfect Indicative Tense

Ya le *habrá extraído* todas las muelas.

habré cantado	I shall have sung
habrás cantado	you (fam.) will have sung
habrá cantado	he/she will have sung
	you (form.) will have sung
habremos cantado	we shall have sung
habréis cantado	you (fam.) will have sung
habrán cantado	they will have sung
	you (form.) will have sung

To form the future perfect tense, Spanish uses the future tense of the verb *haber* and the present participle of the main verb.

Ejercicio

Repita las frases. Al escuchar otro verbo, haga Ud. una nueva frase.

Modelo: Seguramente ya habrán *salido*.   (volver)
            Seguramente *ya habrán vuelto.*

1. ¿Por qué la *habrá leído?*   (escribir)
2. No sé si lo *habrás mirado.*   (ver)
3. Dicen que a las seis lo *habremos terminado.*   (hacer)
4. Estamos seguros de que Juan no *habrá podido* hacerlo.   (saber)
5. ¿Lo *habré escuchado* bien?   (decir)
6. Me imagino que se lo *habrá traído.*   (dar)
7. ¿Cómo las *habrá cerrado?*   (abrir)
8. ¿Dónde los *habrán escondido?*   (poner)
9. ¿Cree Ud. que para junio ya *habremos llegado?*   (salir)
10. ¿Cómo *habrás cometido* el error?   (descubrir)

III. The Future Used for Probability

Seguramente *tendrá* otros hermanos.

The future tense is also used to express probability or conjecture in the present.

¿Dónde estará Juan?	Where can John be? I wonder where John is.
Estará en casa.	He is probably at home. He must be at home. I suppose he is at home.

Ejercicios

Cambie las frases siguientes del presente al futuro para expresar conjetura (conjecture). Recuerde que el TONO (tone) de la voz con que se dice la expresión es muy importante.

Modelo: Es la mujer más feliz del mundo.
    Será la mujer más feliz del mundo.

1. ¿Qué hora es?
2. ¿Dónde está Irma?
3. ¿Qué va a hacer la profesora?
4. Son las doce.
5. Esa señora tiene cuarenta años.
6. ¿Llega Luis a tiempo?
7. ¿Viene Carmen a la fiesta?
8. ¿Cómo se dice?
9. ¿Sabe cantar?
10. ¿Hay mucha gente ahora?

IV. Regular Comparison of Adjectives

Mis hermanos están *más* ocupados que yo.

The regular comparison of adjectives is formed by placing *más* (more) or *menos* (less) before the adjective. "Than" is translated by *que*.

Juan es *más* alto *que* Luis.
John is taller than Louis.

Este vestido es *menos* caro que ése.
This dress is less expensive than that one.

"Than" is translated by the preposition *de* before a numeral.

Necesito más *de* diez dólares.
I need more than ten dollars.

Ejercicios

A. Ejercicio de substitución.

1. Luis está más *cansado* que Federico.

   preocupado/ ocupado/ triste/ contento/ feliz/ libre/ enfermo

2. Federico es menos *inteligente* que Carmen.

   alto/ rico/ pobre/ gordo/ delgado/ joven/ viejo/ romántico

B. Conteste según el modelo.

   Modelo: Federico tiene 12 hermanos.
              Federico tiene *más de 11 hermanos.*

1. Federico podrá venir a 2 clases.
2. Juanita dará 5 excusas.
3. La Srta. Cuauhtémoc tiene 20 dólares.
4. Federico asiste a 4 juntas.
5. Federico podrá hacer 15 viajes.

Diálogo para memorizar

FEDERICO: Mañana no podré venir a clase. Tengo que ir al dentista.

JUAN: Yo tampoco. Tendré que acompañar a mi madre al doctor.

FEDERICO: Pues Juanita y Margarita estarán ausentes también. Además, pasado mañana mi despertador no sonará.

JUAN: ¿Habrá sonado alguna vez? Pero, si nadie viene mañana, ¿qué hará la profesora?

FEDERICO: Será la mujer más feliz del mundo.

PREGUNTAS

A. Según el diálogo para conversación:

1. ¿Qué está tratando de hacer Federico?
2. ¿Por qué no podrá venir a clase mañana?
3. ¿A dónde irá mañana?
4. ¿Qué tendrá que hacer el miércoles?
5. ¿Que día es en el diálogo?
6. ¿Por qué no asistirá a clase el jueves?
7. ¿Qué pasará el viernes?
8. ¿Le parecen a Ud. buenas las excusas de Federico?
9. ¿Cuántos hermanos tiene Federico?
10. ¿Está Federico más ocupado que sus hermanos?
11. ¿Debe Federico salirse de la clase?

12. ¿A cuántas clases habrá asistido Federico al terminar la semana?

13. ¿Qué le pasa al hermanito de Federico?

14. ¿Son sinceras las lágrimas de Federico?

15. ¿Qué es más importante para Federico, la política o la escuela?

B. Generales:

1. ¿Pone Ud. buenas excusas para no venir a clase?

2. ¿Cuántos "funerales" tuvo Ud. el semestre pasado?

3. ¿A qué juntas asistirá Ud. este mes?

4. ¿Cuándo habrá Ud. aprendido la lección?

5. ¿Qué tendrá Ud. que hacer esta noche?

6. ¿Cuándo habrán aprendido Uds. el español?

7. ¿Es Ud. más rico que Rockefeller?

8. ¿Tiene Ud. más hermanos que Federico?

9. ¿Estoy yo más ocupado que Ud.?

10. ¿Qué es más importante que su clase de español?

11. ¿Qué hará Ud. al terminar sus estudios?

12. ¿Qué piensa Ud. de los políticos?

13. ¿Tiene Ud. más de veinte dólares en su bolso?

14. ¿Cuántas veces se ha salido Ud. de una clase? ¿Por qué?

15. ¿Para qué hora pone Ud. el despertador?

Vocabulario

abusar—to abuse, take advantage
acompañar—to accompany, go with
asistir (a)—to attend
ausente—absent
la compañía—company
la crueldad—cruelty
el despertador—alarm clock
enfermo, -a—sick, ill
la expresión—expression
extraer—to extract, pull out
el funeral—funeral

la junta—meeting
la lágrima—tear
lleno, -a—full
la muela—tooth
neurótico—neurotic
oprimido, -a—oppressed
la política—politics
el psiquiatra—psychiatrist
romántico, -a—romantic
seguido—often
sincero, -a—sincere
valer—to be worth

Modismo

poner el despertador—to set the (alarm) clock

ACTIVIDAD

Cada uno de los estudiantes inventará una excusa diferente y original para no venir a clase mañana. Las excusas pueden ser ridículas, absurdas, chistosas, tristes, etc.

Vocabulario

absurdo, -a—absurd
chistoso, -a—funny, witty

original—original
ridículo, -a—ridiculous

Amor con amor se paga.

Lección XXVI
UN CASO MISTERIOSO

Diálogo para conversación

(Federico y sus amigos discuten el último crimen que ha sacudido a la comunidad: el asesinato de la rica heredera la señora Pesetas.)

FEDERICO: Mataron a la dominante Sra. Pesetas. ¿Quién la mataría?

JUAN: Dicen que el esposo le había dicho a su secretaria que se casaría con ella.

LOLA: Yo no querría estar en su lugar. Y la suegra . . . Dicen las malas lenguas que la suegra habría asesinado a la señora Pesetas en cualquier momento.

MARGARITA: Yo creo que fue Marta, su mejor amiga, que recibió buena parte de la herencia.

FEDERICO: La pista más importante es la cajita de cerillas del Salón Nostalgia. La encontraron junto a la señora Pesetas. Dicen que se le cayó al asesino.

LOLA: Y dicen que el Salón Nostalgia había sacado ese tipo de cerillas solamente la noche del asesinato. Sin embargo, todos los sospechosos niegan haber ido al Salón Nostalgia.

JUAN: ¿Cómo es el Salón Nostalgia?

FEDERICO: Bobo, inocente, Juan. El Salón Nostalgia es un salón de baile. Sólo tocan boleros y danzones.

ROSITA: (Entra corriendo, se sienta, sofocada, y le dice al grupo) La policía acaba de arrestar al Sr. Pesetas. El mató a su esposa. Cuando encontraron los zapatos que había usado el Sr. Pesetas esa noche, resolvieron rápidamente el caso.

JUAN: ¿Cómo supieron que fue él?

FEDERICO: Bobo y muy, muy bobo. La solución es obvia. Todo el mundo la sabe.

NOTA: Ud. habrá adivinado cómo supo la policía que el Sr. Pesetas había matado a la señora Pesetas. Pero si le parece difícil la solución, puede verla al final de la lección.

A Mysterious Case

(Federico and his friends are discussing the latest crime that has shaken the community: the murder of the rich heiress Mrs. Pesetas.)

FEDERICO: They killed that bossy Mrs. Pesetas. Who could have killed her?

JUAN: They say that the husband had told his secretary that he would marry her.

LOLA: I wouldn't want to be in her place. And the mother-in-law . . . The gossips say that the mother-in-law would have murdered Mrs. Pesetas at any moment.

MARGARITA: I think it was Marta, her best friend, who received a great portion of the inheritance.

FEDERICO: The most important clue is the match box from the Nostalgia Room. They found it near Mrs. Pesetas. They say that the murderer dropped it.

LOLA: And they say that the Nostalgia Room had given out that kind of matches only on the night of the murder. Nevertheless, all the suspects deny having gone to the Nostalgia Room.

JUAN: What's the Nostalgia Room like?

FEDERICO: Dumb, naive John! The Nostalgia Room is a dance hall. They play only "boleros" and "danzones".

ROSITA: (She comes running in, sits down breathless, and speaks to the group.) The police have just apprehended Mr. Pesetas. He killed his wife. When they found the shoes that Mr. Pesetas had worn that night, they solved the case immediately.

JUAN: How did they find out it was he?

FEDERICO: Dumb! Very, very dumb! The solution is obvious. Everybody knows it.

NOTE: You will probably have guessed how the police found out that Mr. Pesetas had killed Mrs. Pesetas. But if the solution seems difficult for you, you can find it at the end of the lesson.

I. Conditional Tense

Yo no *querría* estar en su lugar.

. . . que se *casaría* con ella.

REGULAR VERBS

HABLAR

hablar ía	I should speak
hablar ías	you (fam.) would speak
hablar ía	he/she would speak
	you (form.) would speak
hablar íamos	we should speak
hablar íais	you (fam.) would speak
hablar ían	you (form.) would speak
	they would speak

COMER   VIVIR

comer ía	**vivir ía**
comer ías	**vivir ías**
comer ía	**vivir ía**
comer íamos	**vivir íamos**
comer íais	**vivir íais**
comer ían	**vivir ían**

The conditional tense is regularly formed by adding *-ía* endings to the infinitive form of the verb. There is only one set of endings for all three conjugations. These verb endings are the same as those of *-er* and *-ir* verbs in the imperfect tense.

Some Irregular Verbs

Certain verbs are irregular in the conditional tense. They are the same ones which are irregular in the future.

HABER:	habría, habrías, etc.
PODER:	podría, podrías, etc.
QUERER:	querría, querrías, etc.
SABER:	sabría, sabrías, etc.

PONER:	pondría, pondrías, etc.
SALIR:	saldría, saldrías, etc.
TENER:	tendría, tendrías, etc.
VALER:	valdría, valdrías, etc.
VENIR:	vendría, vendrías, etc.

| DECIR: | diría, dirías, etc. |
| HACER: | haría, harías, etc. |

Ejercicios

A. Ejercicio de substitución.

1. ¿Qué haría *Ud.* con un estudiante así?

    ellos/ el profesor/ los Pérez/ tú/ Uds./ yo/ el policía

2. Yo no *diría* eso.

    hacer/ querer/ comprender/ escribir/ leer/ mirar/ creer/ pensar

B. Conteste.

1. ¿Qué compraría Ud. con cien dólares?
2. ¿Me permitiría Ud. hacerle una pregunta?
3. ¿Saldrían Uds. sin decir adiós?
4. ¿Cuánto pagarías por una casa muy grande?
5. ¿Podrían Uds. venir mañana a clase?
6. ¿Irías a una fiesta en casa del profesor (de la profesora)?
7. ¿Les gustaría a Uds. tomar una cerveza?
8. ¿Te gustaría heredar un millón de dólares?

C. Cambie según el modelo.

Modelo: Ella *dice* que lo *hará.*
            Ella *dijo* que lo *haría.*

1. Yo le *digo* que no lo *haré.*
2. Juan *dice* que *hablará* con el policía.
3. *Decimos* que no la *cerraremos.*
4. Los estudiantes *dicen* que *querrán* salir temprano.
5. Los sospechosos *dicen* que *irán* al Salón Nostalgia.
6. El Sr. Pesetas *dice* que *matará* a su esposa.
7. *Decimos* que *bailaremos* toda la noche.
8. Federico *dice* que se *dormirá* en la clase.
9. Los estudiantes *dicen* que *sabrán* la lección para mañana.
10. *Dicen* que tal crimen *sacudirá* a la comunidad.

II. Conditional Perfect Tense

Dicen las malas lenguas que la suegra *habría asesinado* a la Sra. Pesetas.

habría hablado	I should have spoken
habrías hablado	you (fam.) would have spoken
habría hablado	he/she would have spoken
	you (form.) would have spoken
habríamos hablado	we should have spoken
habríais hablado	you (fam.) would have spoken
habrían hablado	they would have spoken
	you (form.) would have spoken

The conditional perfect tense is formed by the conditional tense of *haber* and the past participle of the main verb.

Ejercicio

Cambie según el modelo.

Modelo: ¿Quién la *mataría?*
            ¿Quién la *habría matado?*

1. La esposa se lo *diría.*
2. El señor Pesetas se *casaría* con ella.
3. *¿Heredaría* mucho dinero?
4. Todo el mundo *sabría* la solución.
5. *¿Adivinarías* la solución?

III. The Conditional Used for Probability

¿Quién la mataría?

> The conditional is used to express conjecture or probability in the past.
>
> ¿Quién la mataría?   I wonder who killed her?

Ejercicio

Cambie para indicar probabilidad (probability).

Modelo: ¿Qué hora *era?*
            ¿Qué hora *sería?*

1. La pobre *tenía* cuarenta años cuando murió.
2. ¿Quién *adivinó* la solución?
3. Mi mamá *estaba* en casa a esa hora.
4. El profesor lo *hizo.*
5. ¿Quién la *mató?*

IV. Formation of Adverbs

. . . resolvieron *rápidamente* el caso.

The most common way of forming an adverb is to add *-mente* to the feminine singular form of the adjective.

(inmediato) inmediata—**inmediatamente**
(immediately)

(rápido) rápida—**rápidamente**
(rapidly)

The ending *-mente* is attached to an adjective which ends in a consonant or a vowel other than *-o*.

general—**generalmente** (generally)
frecuente—**frecuentemente** (frequently)

Ejercicio

Cambie según el modelo.

Modelo: típico—*típicamente*
            posible—*posiblemente*

1. final
2. rápido
3. simple
4. inteligente
5. claro

6. igual
7. especial
8. inmediato
9. cómodo
10. triste

Diálogo para memorizar

JUANITA: ¿Por qué no fuiste al Salón Nostalgia anoche?
LOLA: Yo habría ido con gusto, pero no sé dónde queda.
JUANITA: Si quieres, yo te llevo el sábado que viene. ¿Te gustaría conocerlo?
LOLA: Naturalmente. Sería muy interesante. Todo el mundo habla de él.
JUANITA: A Federico le encanta. Cuando baila con Rosita . . .
LOLA: Prefiere la música lenta.

PREGUNTAS

A. Sobre el diálogo para conversación:

1. ¿Qué discuten Federico y sus amigos?
2. ¿A quién mataron?
3. ¿Cómo era la Sra. Pesetas?
4. ¿Qué le había dicho el Sr. Pesetas a su secretaria?
5. ¿Qué dicen las malas lenguas de la suegra?
6. ¿Quién es Marta?
7. ¿Por qué cree Margarita que Marta fue la asesina?
8. ¿Cuál es la pista más importante, según Federico?
9. ¿Dónde encontraron la cajita de cerillas?
10. ¿Qué niegan todos los sospechosos?
11. ¿Qué es el Salón Nostalgia?
12. ¿Qué música tocan en el Salón Nostalgia?
13. ¿A quién arrestó la policía?
14. ¿Cómo supo la policía que el Sr. Pesetas había matado a su esposa?
15. ¿Es obvia la solución?

B. Generales:

1. ¿Le gusta a Ud. leer libros de misterio?
2. ¿Cuál es su autor favorito?
3. ¿Qué otros autores de libros de misterio conoce Ud.?
4. ¿Le gustaría a Ud. ser Sherlock Holmes o el Dr. Watson?
5. ¿Qué habría dicho Holmes en el caso de la Sra. Pesetas?
6. ¿Adivinas quién es el asesino antes del final de un cuento?
7. ¿Ha habido un caso misterioso en las noticias últimamente?
8. ¿Siempre encuentra la policía al culpable?
9. ¿Iría Ud. al Salón Nostalgia?
10. ¿Tendría éxito el Salón Nostalgia en esta ciudad?
11. ¿Qué salones de baile están de moda ahora?
12. ¿Qué clase de música escucha Ud.?
13. ¿Qué música prefiere Ud. para bailar?
14. ¿Sabe Ud. bailar la salsa (la cumbia, el merengue, el cha-cha-chá)?
15. ¿Tomaba Ud. clases de baile cuando era niño (-a)?

Solución: La música de los boleros y de los danzones es generalmente lenta. Las parejas giran frecuentemente al compás de la música. Cualquier persona, después de pasar varias horas bailando esta música, tendría marcas circulares en las suelas de los zapatos.

Solution: The music of "boleros" and "danzones" is generally slow. The couples twirl frequently in time to the music. Anyone, after spending several hours dancing to this music, would have circular marks on the soles of his shoes.

El detective Carlos Olmedo resuelve el caso.

Vocabulario

adivinar—to guess
arrestar—to arrest
el asesinato—murder
el asesino—murderer, assasin
bobo, -a—dumb
caerse—to fall; to drop
la cerilla—match
circular—circular
la comunidad—community
el crimen—crime
el culpable—guilty
dominante—bossy, dominant
encantar—to enchant, charm
frecuente—frequent
girar—to twirl, turn, rotate
el grupo—group
heredar—to inherit
el heredero—heir
la herencia—inheritance
inmediato, -a—immediate
inocente—innocent, naive
lento—slow
la marca—mark

el misterio—mystery
misterioso, -a—mysterious
naturalmente—naturally
negar (ie)—to deny, refuse
la nostalgia—nostalgia
las noticias—news
obvio, -a—obvious
la pista—clue
el policía—policeman
la policía—police (force)
posible—possible
rápido, -a—fast
resolver—to solve
sacudir—to jolt, shake
el salón—room; ballroom
la secretaria—secretary
simple—simple
sofocado, -a—breathless
la solución—solution
el sospechoso, -a—suspect
la suegra—mother-in-law
la suela—sole
tal—such, such a
típico, -a—typical
último, -a—last, latest

Modismos

al compás de—in time to
estar de moda—to be in fashion, style
las malas lenguas—gossips

Lección XXVII
EN EL ZOOLÓGICO

Diálogo para conversación

(Federico y Rosita visitan el zoológico con un grupo de turistas. Federico se pone las gafas de sol en la punta de la nariz y le habla a Rosita en tono de catedrático.)

FEDERICO: Señorita, en este zoológico se venden palomitas de maíz, algodón de azúcar, globos, globitos y globotes. ¿Qué le compro a Ud.?

ROSITA: Quiero un elefante, una cebra, una jirafa . . .

(Se acerca el guía de turismo y habla.)

GUÍA: Se dice que este zoológico se construyó tres años antes que el de Macrobia.

(Una señora que parece monito tití y que es de Macrobia dice en voz muy alta.)

TURISTA: ¡Ah, sí! Pero el de nosotros lo construyeron mejor. Aquí tienen jaulitas, allá tenemos jaulotas. Aquí tienen . . .

GUÍA: (Interrumpiendo a la señora.) Aquí tenemos animalitos que fueron traídos de la selva . . .

FEDERICO: (En voz baja a Rosita.) ¡Qué guía tan inculto! Los trajeron del Arca de Noé. Todos los animalitos fueron salvados del diluvio por aquel buen hombre.

TURISTA: (Interrumpiendo al guía, que había seguido hablando.) El zoológico de Macrobia fue construido por mis antepasados.

FEDERICO: (Perdiendo el control, le dice a la señora.) Y ahora sus antepasados viven aquí, en aquella jaula (señala la jaula de los monos.)

At the Zoo

(Federico and Rosita visit the zoo with a group of tourists. Federico puts on his dark glasses at the tip of his nose and speaks to Rosita in a professorial tone.)

FEDERICO: Young lady, popcorn, cotton candy, balloons, little balloons, big balloons are sold at this zoo. What shall I buy you?

197

ROSITA: I want an elephant, a zebra, a giraffe . . .
(The tourist guide approaches and speaks.)
GUIDE: It is said that this zoo was built three years before the one in Macrobia.
(A woman who looks like a monkey "titi" and who is from Macrobia says in a very loud voice.)
TOURIST: Oh, yes! But ours was built better. Here you have little cages, there we have big cages. Here you have . . .
GUIDE: (Interrupting the woman.) Here we have little animals that were brought from the forest . . .
FEDERICO: (In a low voice to Rosita.) What an ignorant guide! They were brought from Noah's Ark. All the little animals were saved from the flood by that good man.
TOURIST: (Interrupting the guide who had continued speaking.) The Macrobia zoo was built by my ancestors.
FEDERICO: (Losing control, he tells the woman.) And now your ancestors live here, in that cage (he points to the monkey's cage.)

I. The Passive Voice

In the passive voice, the subject of the sentence receives the action expressed by the verb. Spanish expresses the passive voice in a number of ways.

The True Passive

To form the true passive Spanish combines the verb *ser* (to be) with the past participle which agrees in number and gender with the subject. If the agent (the doer of the action) is expressed, it is introduced by the preposition *por*.

El zoológico *fue construido por* mis antepasados. The zoo was constructed by my ancestors.

Ejercicios

A. Ejercicio de substitución.

1. *El zoológico* fue *construido* por mis amigos.

   la casa/ el edificio/ las paredes/ la escuela/ las jaulas/ el hotel/ la mesa/ la biblioteca/ las ciudades/ los patios

2. *Los animalitos* fueron *salvados* por aquel hombre.

   el niño/ la turista/ el elefante/ las jirafas/ las muchachas/ Rosita/ mis amigos/ la familia López/ su hermano

B. Repita las frases siguientes y luego cámbielas a la voz pasiva.

Modelo: El profesor escribió la lección.
La lección fue escrita por el profesor.

1. Esos hombres trajeron muchos animales.
2. Mi madre hizo esta camisa.
3. Los alumnos pusieron los libros en la mesa.
4. Federico abrió las puertas.
5. La muchacha vendió muchos globitos.
6. Rosita mandó una tarjeta.
7. Mucha gente escucha esos discos.
8. Mi tía no vio al niño.
9. Su primo devolvió el sombrero.
10. Mis amigos nos dijeron esas palabras.

II. Substitutes for the Passive Voice

> When the agent is not expressed, the following constructions are used to replace the true passive. In spoken Spanish the passive voice is often avoided.
>
> 1. The reflexive substitute *se:*
>
>   The reflexive pronoun *se* is used before the third person singular or plural of a verb, depending on the number of the subject, which is usually a thing.
>
>   Este zoológico *se construyó* . . .
>
> 2. The "they" form:
>
>   The third person plural of the verb is also used as a substitute for the passive.
>
>   *Los trajeron* del Arca de Noé.

Ejercicios

A. Repita las frases siguientes y luego cambie a una construcción de forma reflexiva (reflexive construction).

Modelo: *Cierran* la escuela a las 10.   *Se cierra* la escuela a las 10.
Venden palomitas de maíz.   *Se venden* palomitas de maíz.

1. *Hacen* el vuelo en 45 minutos.
2. *Leen* muchos periódicos.
3. En Francia *hablan* francés.
4. Aquí no *hablan* alemán.
5. ¿Dónde *compran* el billete?
6. ¿Cómo *pronuncian* esa palabra?
7. ¿*Venden* globitos aquí?
8. ¿A qué hora *abren* el zoológico?
9. *Construyen* muchas jaulas.
10. *Escuchan* canciones populares.

B. Cambie según el modelo.

Modelo: Este zoológico *fue construido* en 1945.
           Construyeron este zoológico en 1945.

1. Los animales *fueron traídos* de la selva.
2. Los leónes *fueron salvados* del diluvio.
3. La señora *fue insultada*.
4. Los monos *fueron colocados* en la jaula.
5. La llama *fue comprada* en el Perú.

III. Se Used as an Indefinite Subject or as the Passive

Se used with the third person singular form of the verb may be used either as a reflexive substitute for the passive or as an indefinite subject.

Se dice que este zoológico *se construyó* tres años antes que el de Macrobia.

It is said that this zoo *was constructed* three years before that of Macrobia.

Ejercicio

Cambie según el modelo.

Modelo: *Dicen* que ese zoológico es muy bonito.
           Se dice que ese zoológico es muy bonito.

1. Creen que el Sr. Pesetas es rico.
2. Dicen que el marido la mató.
3. Piensan que Noé los salvó.
4. Afirman que es cierto.
5. Anuncian que habrá junta.

IV. Diminutives and Augmentatives

Diminutives and Augmentatives

Diminutives are suffixes to words which are used to convey the idea of smallness, affection, pity, and other forms of emotion. The most common diminutives are: -ito, -a; -illo, -a; -cito, -a.

glob*itos*   jaul*itas*

Augmentatives, also suffixes, are less commonly used and denote largeness or may convey a derogatory meaning.

glob*otes*   jaul*otas*

A continuación (following) damos algunas palabras comunes con sus correspondientes diminutivos y, si lo tienen, su aumentativo.

	diminutivo	*aumentativo*
amigo	amiguito	amigote
amor	amorcito	—
boca	boquita	bocota
carta	cartita	cartota
casa	casita	caserón
cielo	cielito	—
corazón	corazoncito	—
chico	chiquito	—
hijo	hijito	—
hombre	hombrecito	hombronazo
momento	momentito	—
muchacho	muchachito	muchachón
mujer	mujercita	mujerona
nariz	naricita	narizota

Diálogo para memorizar

TURISTA: (Leyendo un folleto.) Este zoológico fue construido en 1910.

GUÍA: Sí, se trajeron animales de todas partes del mundo: elefantes de la India, leones del Africa, llamas de los Andes . . .

TURISTA: Se dice que los colocaron de acuerdo con su procedencia.

GUÍA: ¡Claro que sí! Por eso colocaron los monitos en los árboles.

PREGUNTAS

A. Sobre el diálogo para conversación:

1. ¿Qué visitan Rosita y Federico?
2. ¿Qué se pone Federico?
3. ¿Cómo habla Federico?
4. ¿Qué venden en el zoológico?
5. ¿Qué quiere Rosita?
6. ¿Quién se acerca?
7. ¿Cuándo se construyó el zoológico?
8. ¿Cómo es la señora turista?
9. ¿De dónde es?
10. Según el guía, ¿de dónde trajeron los animales?
11. Según Federico, ¿de dónde los trajeron?
12. ¿Cómo se salvaron los animales del diluvio?
13. ¿Qué es Macrobia?
14. ¿Quién construyó el zoológico de Macrobia?
15. Según Federico, ¿dónde están ahora los antepasados de la señora?

B. Generales:

1. ¿Le gusta a Ud. visitar el zoológico?
2. ¿Cuánto tiempo hace que fue Ud. al zoológico de esta ciudad?
3. ¿Sabe Ud. cuándo se contruyó el zoológico de esta ciudad?
4. ¿A qué hora se abre el zoológico aquí?
5. ¿Se paga por entrar al zoológico local?
6. ¿Qué zoológicos famosos conoce Ud.?
7. ¿Qué animales se encuentran, generalmente, en un zoológico?
8. ¿Qué animales tenemos, generalmente, en una casa?
9. ¿Le da Ud. de comer a los animales del zoológico?
10. ¿Qué les da de comer a los monos?
11. ¿Cree Ud. que es cruel tener animales en jaulas?
12. ¿Qué animal le gusta más a Ud.?
13. ¿Cuándo se pone Ud. gafas oscuras?
14. ¿Pierde Ud. el control frecuentemente?
15. ¿Le gustan a Ud. las palomitas de maíz? ¿el algodón de azúcar?

Vocabulario

afirmar—to affirm
allá—(over) there
los antepasados—ancestors
el billete—ticket, bill
la cebra—zebra
colocar—to put, place
construir—to construct, build
el corazón—heart
cruel—cruel
chico, -a—small, little, young
el diluvio—flood
el disco—record
el edificio—building
el elefante—elephant
el folleto—pamphlet
Francia—France
las gafas—eye glasses
el globo—balloon
el guía—guide
insultar—to insult

interrumpir—to interrupt
la jaula—cage
la jirafa—giraffe
local—local
el loro—parrot
el marido—husband
la nariz—nose
oscuro, -a—dark
el pájaro—bird
el patio—patio
la procedencia—origin, source
la punta—point, tip
salvar—to save
la selva—forest
el tono—tone, tune
el zoológico—zoo

Modismos

a continuación—following
algodón de azúcar—cotton candy
el Arca de Noé—Noah's Ark
dar de comer—to feed
palomitas de maíz—popcorn

ACTIVIDAD

La filosofía popular se ha manifestado con frecuencia en dichos y refranes que han tomado como base algunas de las características de los animales. Veamos cuántos refranes y dichos populares que tienen animales como base podemos recordar. La clase hará una lista de estos refranes y discutirá su significado.

Aquí están algunos que pueden comenzar la lista:

1. No es tan fiero el león como lo pintan.
2. Perro que ladra no muerde.
3. Habla más que un loro.
4. Es tan astuto como una zorra.
5. Más vale pájaro en mano que cien volando.
6. Aunque la mona se vista de seda, mona se queda.
7. Gato que duerme no caza ratones.
8. Cuando el gato no está en casa, bailan los ratones.
9. Cada oveja con su pareja.
10. En boca cerrada no entran moscas.

Vocabulario

la característica—characteristic
  cazar—to hunt
  fiero, -a—fierce, wild
la filosofía—philosophy
el gato—cat
  ladrar—to bark
la lista—list
  manifestar—to manifest, exhibit

el mono—monkey
la mosca—fly
la oveja—sheep
  pintar—to paint
el ratón—mouse
el refrán—proverb
la seda—silk
el significado—meaning

Lección XXVIII
FEDERICO Y ROSITA BUSCAN CASA

Diálogo para conversación

FEDERICO: ¡Bellísima casa, Rosita! Lo malo es que parece que el dueño no está aquí.

ROSITA: Lo peor es que eres un burro, burrísimo. Me dijiste que habías hecho cita con él. (Toca el timbre.)

DUEÑO: (Abriendo.) ¡Federico! ¡El hijo de mi mejor amigo, Máximo Guerra! Esta señorita será tu prometida. Pasen, pasen. (Todos se saludan efusivamente.)

FEDERICO: Señor Durán, su casa es más grande de lo que esperábamos.

DUEÑO: No es mía, Federico. Es de mi hermano mayor. Pero, no te preocupes, no es tan cara como parece.

ROSITA: (A Federico en voz baja.) Es mejor de lo que yo esperaba.

DUEÑO: (Enseñándoles la casa.) Aquí tienen la sala, el estudio, el comedor, la cocina y un medio baño.

ROSITA: ¿Cuántas alcobas tiene?

DUEÑO: Tres. (Suben al segundo piso.) Esta es la más grande—la alcoba matrimonial. Las otras dos son más pequeñas. También hay dos cuartos de baño.

ROSITA: Me gusta muchísimo. Lo único es que tiene poco espacio para guardar cosas.

FEDERICO: Muy sencillo, Rosita. Compramos menos cosas y ya.

Federico and Rosita Look for a House

FEDERICO: Very beautiful house, Rosita! The trouble is that it seems that the owner isn't here.
ROSITA: The worst thing is that you are a dummy, the dumbest. You told me that you had made an appointment with him. (She rings the bell.)
OWNER: (Opening.) Federico! The youngest son of my best friend, Máximo Guerra! This young lady must be your fiancee. Come in, come in. (They all greet each other warmly.)

FEDERICO: Mr. Durán, your house is larger than what we expected.

OWNER: It isn't mine, Federico. It's my oldest brother's. But don't worry, it isn't as expensive as it appears.

ROSITA: (To Federico in a low voice.) It's better than what I expected.

OWNER: (Showing them the house.) Here is the living room, the study, the dining room, the kitchen, and a half bath.

ROSITA: How many bedrooms does it have?

OWNER: Three. (They go up to the second floor.) This is the largest—the master bedroom. The other two are smaller. There are also two bathrooms.

ROSITA: I like it very much. The only thing is that it has little space for storing things.

FEDERICO: Very simple, Rosita. We buy less and that's it.

I. Irregular Comparison of Adjectives and Adverbs

Adjectives

bueno—good	**mejor**—better	**el mejor**—best
malo—bad	**peor**—worse	**el peor**—worst
grande—big	**mayor**—older	**el mayor**—oldest
	más grande—bigger	**el más grande**—biggest
pequeño—small	**menor**—younger	**el menor**—youngest
	más pequeño—smaller	**el más pequeño**—smallest
mucho—much, many	**más**—more, most	
poco—few, little	**menos**—fewer, less	

Mayor and *menor* usually refer to a person's age. *Más grande* and *más pequeño* refer to size.

Adverbs

bien—well	**mejor**—better, best
mal—badly	**peor**—worse, worst
mucho—much	**más**—more, most
poco—little	**menos**—less, least

Ejercicio

Escuche con atención (carefully) las frases siguientes. Luego haga Ud. frases usando formas de comparación irregular (irregular comparison) según el modelo.

Modelo: Felipe tiene muchos amigos. Pedro tiene pocos amigos.
           Felipe tiene más amigos que Pedro.

1. Pepe tiene 20 años. Luis tiene 15 años.
2. El Hotel Soledad es bueno. El Hotel Ritz es malo.
3. Juan tiene mucho dinero. Federico tiene poco dinero.
4. Carlitos es pequeño. Pedro es grande.
5. Pepe baila bien. Federico baila mal.
6. Rosita habla mucho. Carmen habla poco.

Modelo: Pedro tiene pocos amigos. Felipe tiene muchos amigos.
           Pedro tiene menos amigos que Felipe.

7. Luis tiene 15 años. Pepe tiene 20 años.
8. El Hotel Ritz es malo. El Hotel Soledad es bueno.
9. Federico tiene poco dinero. Juan tiene mucho dinero.
10. Pedro es grande. Carlitos es pequeño.
11. Federico baila mal. Pepe baila bien.
12. Carmen habla poco. Rosita habla mucho.

II. The Absolute Superlative

Bellísima casa.

> The absolute superlative expresses the highest or the lowest degree of quality and it is formed by adding *ísimo, -a* to the adjective. Drop the final vowel of adjectives ending in a vowel.
>
> bella—*bellísima*   burro—*burrísimo*

Ejercicio

Repita Ud. las frases siguientes. Complételas con la forma del superlativo (superlative) según el modelo.

Modelo: Esta casa es *la más linda de todas.*
           Es lindísima.

1. Esta alcoba es la más grande de todas.
2. El dueño es el más guapo de todos.
3. Aquella casa es la más cara de todas.
4. Este baño es el más elegante de todos.
5. Ese pasillo es el más largo de todos.
6. Este zoológico es el más interesante de todos.
7. Estas palomitas de maíz son las más sabrosas de todas.
8. Aquel hombre es el más rico de todos.
9. Esa señora es la más gorda de todas.
10. Aquella turista es la más imprudente de todas.

Diálogo para memorizar

SRA. ALVÍREZ: Quiero alquilar una casa más pequeña que la mía. Mi hija menor se casa pronto.

EMPLEADO: (Consultando su libro.) Aquí hay una que no es tan grande como la suya. Tiene sala, comedor, desayunador, cocina, cuatro alcobas, tres cuartos de baño . . .

SRA. ALVÍREZ: ¡Ay, no! Quiero menos alcobas. Quizá dos. No, mejor tres porque a veces mi hija mayor se queda a dormir con nosotros.

EMPLEADO: Pues, aquí tenemos una. No tiene tantos cuartos como la otra y es hermosísima. Tiene jardín, piscina, garaje, tres alcobas, estudio . . .

SRA. ALVÍREZ: Muy bien. Vamos a verla.

PREGUNTAS

A. Según el diálogo para conversación:

1. ¿Qué dice Federico de la casa?

2. ¿Qué le dice Rosita a Federico?

3. ¿Qué le había dicho Federico a Rosita?

4. ¿Está en casa el dueño?

5. ¿Quién es el Sr. Máximo Guerra?

6. ¿Conoce el dueño al Sr. Máximo Guerra?

7. ¿Qué le dice Federico al Sr. Durán de la casa?

8. ¿De quién es la casa?

9. ¿Qué le dice Rosita a Federico en voz baja?

10. ¿Cuántos cuartos hay en el primer piso? ¿Cuáles son?

11. ¿Cuántos cuartos hay en el segundo piso? ¿Cuáles son?

12. ¿Cuál es la alcoba más grande?

13. ¿Qué le parece la casa a Rosita?

14. ¿Qué dice Rosita del espacio para guardar cosas?

15. ¿Qué le contesta Federico?

B. Generales:

1. ¿Cuál es la diferencia entre una casa y un apartamento?

2. ¿Cuál es mejor, su casa o la de sus padres?

3. ¿Hay tantas casas en San Francisco como en Nueva York?

4. ¿Cuáles son los cuartos de una casa?

5. ¿Qué dice Ud. de una casa que tiene muchos cuartos? (Use -ísimo en su contestación.)

6. ¿Cuántos años tiene su hermano mayor?
7. ¿Quién es el hermano menor del Presidente Kennedy?
8. ¿Tiene su casa o apartamento más de cuatro cuartos?
9. ¿Qué es peor, llegar tarde o no llegar?
10. ¿Hace aquí tanto frío como en Alaska?
11. ¿Cuesta mucho alquilar un apartamento en esta ciudad?
12. ¿Es fácil alquilar un apartamento aquí?
13. ¿Qué es lo bueno de vivir en esta ciudad?
14. ¿Qué es lo difícil de aprender una lengua extranjera?
15. ¿Con quién tiene Ud. cita la semana que viene?

Vocabulario

la alcoba—bedroom
el burro—donkey, ass
la cita—appointment, date
la contestación—answer
el desayunador—breakfast room
el dueño—owner, landlord
efusivamente—warmly
elegante—elegant
el espacio—space

el estudio—study
el garaje—garage
imprudente—imprudent
el piso—floor, story
la prometida—fiancee
sabroso, -a—tasty, delicious
la sala—living room
el timbre—doorbell; stamp

Modismos

la alcoba matrimonial—master bedroom
bienes raíces—real estate

Lección XXIX
MENSAJES DE AMOR

Diálogo para conversación

(Federico y Rosita están en la clase de Historia de la América del Sur. Como se aburren, comienzan a pasarse notitas.)

FEDERICO: Quiero que me escribas una carta de amor.

ROSITA: ¡Y yo quiero que me dejes en paz! No quiero que se enoje el profesor.

FEDERICO: Quiero que me la mandes por medio de una paloma mensajera.

ROSITA: No tengo palomas, pero si deseas te la mando con mi loro . . .

FEDERICO: Si no me da el mensaje oralmente, está bien porque tu loro es muy mal hablado. Prefiero que me la escribas en papel color de rosa, perfumado. Quiero emocionarme al recibirla.

ROSITA: Si de veras quieres emocionarte, te la mando sin sello. Te aseguro que el precio de los sellos te emocionará profundamente.

Love Notes

(Federico and Rosita are in the South American History class. As they get bored, they start to pass each other little notes.)

FEDERICO: I want you to write me a love letter.
ROSITA: And I want you to leave me alone! I don't want the professor to get angry.
FEDERICO: I want you to send it to me by (by way of) carrier-pigeon.
ROSITA: I don't have any pigeons, but if you wish, I'll send it to you with my parrot.
FEDERICO: If he doesn't give me the message orally, it's all right because your parrot is very foul-mouthed. I prefer that you write it to me on pink, perfumed paper. I want to get a thrill when I receive it.
ROSITA: If you really want to get excited, I'll send it to you without a stamp. I assure you that the price of stamps will really give you a thrill.

I. The Present Subjuntive of Regular Verbs

HABLAR		COMER	
habl e	habl emos	com a	com amos
habl es	habl éis	com as	com áis
habl e	habl en	com a	com an

VIVAR

viv a	viv amos
viv as	viv áis
viv a	viv an

Ejercicio

Ejercicio de substitución.

1. Federico quiere que *ella* escriba la carta.

   yo/ nosotros/ Ud./ Uds./ tú/ él/ ella/ Rosita/ ellos/ ellas

2. Yo prefiero que *Ud.* me deje en paz.

   nosotros/ Uds./ tú/ los alumnos/ Roberto/ Carmen y yo

3. Rosita no quiere que *nosotros* nos enojemos.

   Federico/ Ud./ sus hermanos/ el cartero/ tú/ Uds./ yo/ el profesor

4. Ellos desean que *yo* me levante temprano.

   Uds./ tú/ Ricardo y Juanita/ nosotros/ Ud./ yo/ Miguel

Usage of the Subjunctive Mood

"Mood" is the property of verbs which expresses the way in which the action or state of being of the verb is expressed by the subject.

There are three verbal moods in Spanish:

> I. Indicative Mood = the objective mood
> II. Imperative Mood = direct commands
> III. Subjunctive Mood = the subjective mood

The subjunctive is usually expressed in a subordinate clause when the verb in the main clause makes a subjective statement. Thus, the subjunctive is used with

> 1. Indirect commands
> 2. Expressions of emotion
> 3. Expressions of uncertainty or unreality

II. Indirect Commands

Quiero que me *escribas* una carta de amor.

In indirect commands the subject in the main clause expresses the desire that a person do or be something.

Quiero que me *escribas* una carta de amor.
I want you to (that you) write me a love letter.

The infinitive is used when there is no change of subject in the subordinate clause.

Quiero *escribirte* una carta de amor.
I want to write you a love letter.

Ejercicio

Ejercicio de substitución.

1. Quiero que tú me *mandes un mensaje.*

    dejar en paz/ escribir una carta/ comprar palomitas de maíz

2. Prefiero que *ellos no abran la puerta.*

    leer mis cartas/ entrar todavía/ hablar tanto

3. Insisto en que Ud. *mande a su loro.*

    echar las cartas al buzón/ comprar estampillas/ llamar por teléfono

Diálogo para memorizar

CLIENTE: Necesito enviar esta carta por correo certificado. Quiero que el destinatario firme el recibo.

EMPLEADO: Escriba Ud. su dirección aquí, por favor. ¿Quiere enviar la carta por aéreo, entrega inmediata?

CLIENTE: Sí, por favor. También quiero diez sellos de correo ordinario y diez de correo aéreo.

EMPLEADO: Aquí los tiene.

CLIENTE: ¿Dónde están los buzones?

EMPLEADO: Enfrente de la puerta de entrada. Queremos que todos los vean de inmediato.

PREGUNTAS

A. Sobre el diálogo para conversación:

1. ¿Dónde están Federico y Rosita?
2. ¿Cómo se sienten?
3. ¿Qué empiezan a pasarse entre sí?
4. ¿Qué quiere Federico?
5. ¿Qué quiere Rosita?
6. ¿Por qué quiere que la deje en paz?
7. ¿Cómo quiere Federico que Rosita le mande la carta?
8. ¿Tiene palomas Rosita?
9. Entonces ¿cómo va a mandar la carta?
10. ¿Cómo es el loro de Rosita?
11. ¿Qué clase de papel prefiere Federico?
12. ¿Qué quiere sentir Federico al recibir la carta?
13. ¿Cómo sugiere Rosita que se puede mandar la carta?
14. Según Rosita, ¿qué sentirá Federico al recibirla así?
15. ¿Por qué sentirá emoción?

B. Generales:

1. ¿Quiere Ud. que yo le envíe sus notas por correo?
2. ¿Prefiere Ud. mandar sus cartas por correo ordinario o por correo aéreo?
3. ¿Prefiere Ud. que sus amigos le escriban en papel azul o en papel blanco?
4. ¿Insiste Ud. en que le mande la notita por correo certificado?
5. ¿Le pide Ud. a una amiga que eche sus cartas al buzón?
6. ¿Desea Ud. que alguien la dé una paloma o un loro?
7. ¿Quiere Ud. que yo le mande una carta sin sello?
8. ¿Cómo es su papel para correspondencia personal?
9. ¿Le parecen a Ud. caros los sellos de correo?
10. ¿Es complicado mandar una carta certificada?
11. ¿Hay muchos buzones en su barrio?
12. ¿Insiste Ud. en que su novio (novia) le escriba a menudo?
13. ¿Le ruega Ud. a sus amigos que les pongan timbres a sus cartas?
14. ¿Quiere Ud. que le contesten de inmediato cuando Ud. escribe?
15. ¿Cuántos días de la semana quiere Ud. que esté abierto el correo?

Vocabulario

aburrirse—to get or become bored
asegurar—to assure, assert
el barrio—district
el buzón—mail box
el cartero—mailman
certificado, -a—registered, certified
complicado, -a—complicated, complex
el correo—mail; post office
la correspondencia—correspondence
el destinatario—addressee
la emoción—thrill, excitement
emocionarse—to be thrilled, moved
empezar (ie)—to begin

la entrada—entrance
enviar—to send
la estampilla—stamp
firmar—to sign
el mensaje—message
mensajero, -a—messenger
oralmente—orally
ordinario, -a—regular, ordinary
la paloma—pigeon
la paz—peace
perfumado, -a—perfumed
profundamente—deeply
rogar (ue)—to beg
el sello—stamp
la América del Sur—South America
sugerir (ie)—to suggest

Modismos

a menudo—often
color de rosa—pink
de inmediato—immediately
echar cartas (al buzón)—to mail letters
entre sí—to each other, among themselves
entrega inmediata—special delivery
mal hablado—foul-mouthed
paloma mensajera—carrier pigeon
por aéreo—(by) airmail
por medio de—by means of, via

ACTIVIDADES

I. El profesor les dirá a varios alumnos que le pidan algo a un compañero usando formas de mando indirecto. El compañero tiene que contestar.

II. Todos y cada uno de los alumnos van a completar las siguientes frases. Tendrán que prepararlas en casa y estar listos para contestar oralmente en clase.

1. Te pido que . . .
2. Les pido a Uds. que . . .
3. Le pido a Ud. que . . .
4. Les ruego a Uds. que . . .
5. Te ruego que . . .
6. Le ruego a Ud. que . . .
7. Les digo a Uds. que . . .
8. Te digo que . . .
9. Le digo a Ud. que . . .

Modismo

estar listo—to be ready, prepared

Lección XXX
LA BUENAVENTURA

Diálogo para conversación

(Estamos en un cuarto alumbrado tenuemente con luz roja. Las paredes están adornadas con los signos del Zodiaco. En lugar prominente se encuentra la siguiente tarifa:)

Información sobre su amante	$ 1.00
Más específica	2.00
Lectura bola cristal	3.00
Su futuro según los naipes	4.00
Talismanes para todas ocasiones	5.00
Más efectivos	de 10.00
	a 50.00

(Una adivina un poco gorda, está sentada frente a una mesa. Entra Carola Dado.)

ADIVINA: Pase, señorita. ¿Desea que le diga su futuro?

CAROLA: Sí, écheme usted las cartas, por favor.

ADIVINA: Ud. está en su casa. La veo claramente . . . Un hombre se acerca . . . Espero que Ud. lo conozca ya . . . La quiere, aunque Ud. no se habrá dado cuenta.

CAROLA: ¿Es rubio, de ojos verdes y un poco tonto?

ADIVINA: Sí, lo veo claramente ahora. Viene a su casa y le trae flores. Pero las compró en abonos porque es tan pobre como una rata.

CAROLA: (Emocionada.) No me importa que no tenga dinero. ¡ES FEDERICO!

ADIVINA: (Muy triste y con gran emoción en la voz. Suspira.) Pero temo que las cosas no salgan bien. Temo que le ponga casa a otra mujer. ¿Se casará con ella . . .?

CAROLA: ¡La Rosa! ¡La Rosa (Da pataditas en el suelo.) Yo quiero que Ud. me venda el mejor talismán de la tienda.

ADIVINA: (Se para y saca un paquetito de un cajón.) Aquí lo tiene. El mejor talismán. Un talismán encantado. Federico será suyo. Y ahora, son cincuenta y cuatro dólares.

217

Fortune Telling

(We are in a room dimly lit with red lights. The walls are decorated with the signs of the zodiac. In a conspicuous place is the following price list:)

Information about your lover	$1 .00
More specific	2.00
Your future according to the crystal ball	3.00
Your fortune according to the cards	4.00
Charms for all occasions	5.00
More effective ones	from 10.00 to 50.00

(A fortune-teller, somewhat fat, is seated in front of a table. Carola Dado enters.)

FORTUNE-TELLER: Come in, Miss. Do you wish me to tell your fortune?

CAROLA: Yes, lay out the cards, please.

FORTUNE-TELLER: You are at home. I see you clearly . . . A man approaches . . . I hope that you already know him . . . He already loves you although you are probably not aware of it.

CAROLA: Is he blond, with green eyes and a little dumb?

FORTUNE TELLER: Yes, now I see him clearly. He is coming to your house and he brings you flowers. But he charged them because he is as poor as a church mouse.

CAROLA: (Excited.) I don't care that he doesn't have any money. IT'S FEDERICO!

FORTUNE-TELLER: (Very sad and with a lot of emotion in her voice. She sighs.) But I fear that things will not turn out well. I fear that he will set up a house for another woman. Will he marry her?

CAROLA: Rosa! Rosa! (She stamps her foot lightly on the floor.) I want you to sell me the best love-charm in the store.

FORTUNE-TELLER: (She stands up and takes out a little package from the drawer.) Here it is. The best charm. A magic charm. Federico will be yours. And now, that will be fifty-four dollars.

I. Present Subjunctive of Some Irregular Verbs

> The same verb endings for the present subjunctive of regular verbs is added to the stem of the *yo* form of the present indicative tense.
>
> | | Pres. Ind. *Yo* | |
> |---|---|---|
> | CONOCER: | conozc-o | **conozca,** conozcas, conozca, conozcamos, conozcáis, conozcan |
> | DECIR: | dig-o | **diga,** etc. |
> | HACER: | hag-o | **haga,** etc. |
> | PODER: | pued-o | **pueda,** etc. |
> | QUERER: | quier-o | **quiera,** etc. |
> | SALIR: | salg-o | **salga,** etc. |
> | TENER: | teng-o | **tenga,** etc. |
> | TRAER: | traig-o | **traiga,** etc. |
> | VER: | ve-o | **vea,** etc. |
> | VENIR: | veng-o | **venga,** etc. |

Ejercicio

Ejercicio de substitución.

1. Rosita quiere que *tú* le digas la verdad.

   nosotros/ Federico/ yo/ Uds./ él/ sus amigas/ Ud./ la adivina

2. Es lástima que *Ud.* no lo conozca.

   Rosita/ Uds./ tú/ Federico y yo/ ellos/ él/ yo/ mis padres

3. Espero que *ellas* no lo traigan aquí.

   tú/ Uds./ Ud./ Carmen/ mis hermanos/ él/ ellos/ el destino

4. Le sorprende que *Ud.* pueda verlo.

   Uds./ tú/ nosotros/ ellos/ la adivina/ yo/ Ud. y yo/ él

5. Se alegran de que *yo* tenga suerte

   Ud./ ellos/ Carola/ tú/ Rosita y yo/ Federico y Rosita/ Uds./ él

II. The Subjunctive with Expressions of Emotion

Espero que Ud. lo *conozca* ya.

An expression of emotion (fear, pleasure, pity, surprise, hope, anger, etc.) in the main clause requires the subjunctive in the subordinate clause if there is a change of subject.

Espero que Ud. lo *conozca* ya.

The infinitive is used if there is no change of subject.

Espero *conocerlo.*

Ejericicio

Ejercicio de substitución.

1. *¿Espera Ud.* que vengamos a la fiesta?

   ¿Se alegra Ud./ ¿Le sorprende a Ud./ ¿Teme Ud.

2. *Siento que* Ud. tenga mala suerte.

   Es lástima que/ Me sorprende que/ Temo que

3. Juan *se alegra de* que Uds. puedan hacerlo.

   espera/ desea/ teme

4. *Ojalá* que no lo traigas tarde.

   Espero/ Deseo/ Me sorprende

Diálogo para memorizar

ADIVINA: ¿Quiere Ud. que le diga su futuro, buen mozo?

FEDERICO: Espero que Ud. conozca a Rosita o a Carola.

ADIVINA: Siento no conocerlas, pero no es necesario. Aquí en mi bola de cristal todo está claro.

FEDERICO: (Trata de ver algo en la bola.) Me alegro de que Ud. vea algo allí, porque según lo que yo veo, mi destino parece muy vacío.

ADIVINA: Ah, no, señor. Temo que tengamos una lucha . . . dos mujeres . . . un hombre . . . un matrimonio. Pero el amor triunfará.

PREGUNTAS

A. Sobre el diálogo para conversación:

1. ¿A quién va a ver Carola?
2. Describa Ud. el cuarto de la adivina
3. ¿Cómo es la adivina?
4. ¿Qué tiene la adivina en lugar prominente?
5. ¿Que desea Carola?
6. ¿Cómo va a decirle su futuro la adivina?
7. ¿A quién "ve" en sus cartas la adivina?
8. ¿Cómo es el hombre que ve?
9. ¿Qué le trae el hombre a Carola?
10. ¿Cómo compró las flores el hombre?
11. ¿Por qué no le importa a Carola que Federico no tenga dinero?
12. ¿Qué teme la adivina?
13. ¿Quién es la otra mujer?
14. ¿Qué le pide Carola a la adivina?
15. ¿Cuánto cuesta el talismán que le da la adivina a Carola?

B. Generales:

1. ¿Quiere Ud. que le lean su suerte?
2. En su opinión, ¿se puede predecir el futuro?
3. ¿Qué le gustaría saber del futuro?
4. ¿Qué prefiere Ud. ignorar acerca del futuro?
5. ¿Teme Ud. que le digan cosas malas del futuro?
6. ¿Qué cosas malas se pueden predecir?
7. ¿Cree Ud. en la astrología?
8. ¿En qué mes y a qué hora nació Ud.?
9. ¿Cuál es su signo del zodiaco?
10. Diga Ud. una cualidad de su signo.
11. ¿Qué símbolos de buena o mala suerte conoce Ud.?
12. ¿Espera Ud. que las cosas le salgan bien?
13. ¿Qué es un talismán?
14. ¿Qué supersticiones conoce Ud.?
15. ¿Qué es más importante, la suerte o el esfuerzo personal?

Vocabulario

adornado, -a—decorated
alegrarse (de)—to be glad
alumbrado, -a—lit, lighted
el amante—lover
la astrología—astrology
la bola—ball
la buenaventura—fortune-telling;   good
  luck
el cajón—drawer
el cristal—crystal
la cualidad—quality
el destino—fate, destiny
efectivo, -a—effective; real
específico, -a—specific
ignorar—to be ignorant of
importar—to be important, matter
la información—information
la lectura—reading

la lucha—struggle
la luz—light
los naipes—playing cards
la ocasión—occasion
ojalá—would that; I hope that
el paquete—package
predecir—to predict
prominente—conspicuous
la rata—rat
el símbolo—symbol
sorprender—to surprise
el suelo—floor
la superstición—superstition
suspirar—to sigh
el talismán—charm
la tarifa—price list; rate
temer—to fear
tenuemente—dimly
triunfar—to triumph, win
vacío, -a—empty

Modismos

buen mozo—handsome young man
dar patadas—to stamp the foot down
darse cuenta de—to realize
echar las cartas—to read one's fortune with cards
en abonos—on credit

ACTIVIDADES

1. Los estudiantes van a contar, en forma narrada (narrative), la historia del diálogo.

2. Algunos de los alumnos van a "predecir" el futuro de los compañeros que vendrán a pedirles que les lean el futuro.

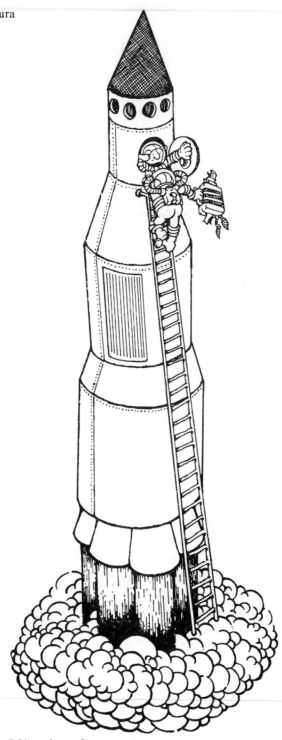

Más vale tarde que nunca.

Lección XXXI
EL AJUAR DE NOVIA

Diálogo para conversación

(La Sra. López visita a la Sra. Alvírez porque quiere ver el ajuar de novia de Rosita.)

SRA. ALVÍREZ: No queremos que le falte nada a Rosita. (De un armario saca camisones, batas, fondos, etc. y se los enseña a la Sra. López.)

SRA. LÓPEZ: ¡Muy bien! Así, en caso de que Federico no encuentre empleo . . .

SRA. ALVÍREZ: Y, ¿por qué no va a encontrarlo?

SRA. LÓPEZ: No, si no digo que no lo vaya a encontrar; digo, en caso . . .

SRA. ALVÍREZ: Pues, no importa. Hasta que estén bien establecidos, los ayudaremos. (Sigue sacando vestidos, faldas, conjuntos de pantalones y blusas, abrigos, bolsos, etc.)

SRA. LÓPEZ: Dudo que Federico tenga tan buen guardarropa. No creo que haya mucha gente que les dé a sus hijas tanto como tú.

SRA. ALVÍREZ: Pues, que yo sepa, ninguna de las amigas de Rosita tuvo ropa como ésta. Prepárate para cuando tu Juanita y Ricardo se casen.

SRA. LÓPEZ: ¡Ay! Si no queremos que se casen todavía. Que se diviertan primero.

SRA. ALVÍREZ: Y hablando de divertirse . . . Alguien me dijo que vio a Ricardo con Margarita . . . Por supuesto portándose como amigos, nada más . . .

SRA. LÓPEZ: Sí. Fueron juntos a una fiesta. Por cierto Federico estaba allí con Carola. ¡Ay! Es mejor que me calle . . . Ya tengo que irme . . . Gracias por enseñarme el ajuar de novia.

The Trousseau

(Mrs. López is visiting Mrs. Alvírez because she wants to see Rosita's trousseau.)

MRS. ALVÍREZ: We don't want Rosita to lack anything. From a closet she takes out nightgowns, robes, slips, etc. and shows them to Mrs. López.)

MRS. LÓPEZ: Good! That way, in case Federico doesn't find work . . .

MRS. ALVÍREZ: And, why isn't he going to find it?

MRS. LÓPEZ: No, I'm not saying that he won't find it; I'm saying, in case . . .

MRS. ALVÍREZ: Well, it doesn't matter. Until they are well settled, we'll help them. (She continues taking out dresses, skirts, pants and blouse outfits, coats, purses, etc.)

MRS. LÓPEZ: I doubt that Federico has such a good wardrobe. I don't believe that there are many people who give their daughters so much as you.

MRS. ALVÍREZ: As far as I know, none of Rosita's friends had clothes like these. Be prepared for the time when your Juanita and Ricardo get married.

MRS. LÓPEZ: Oh! But we don't want them to get married yet. Let them enjoy themselves first.

MRS. ALVÍREZ: And speaking of having a good time . . . Someone told me that he saw Ricardo with Margarita . . . Of course acting like good friends, nothing more . . .

MRS. LÓPEZ: Yes. They went to a party together. In fact, Federico was there with Carola. Oh! I'd better shut up . . . I have to leave now . . . Thank you for showing me the trousseau.

I. Present Tense of Verbs Irregular in the Subjunctive

DAR		ESTAR		HABER	
dé	demos	esté	estemos	haya	hayamos
des	deis	estés	estéis	hayas	hayáis
dé	den	esté	estén	haya	hayan
IR		SABER		SER	
vaya	vayamos	sepa	sepamos	sea	seamos
vayas	vayáis	sepas	sepáis	seas	seáis
vaya	vayan	sepa	sepan	sea	sean

Ejercicio

Ejercicio de substitución.

1. Carmen prefiere que *Juan* no lo sepa.

   yo/ ellos/ nosotros/ Uds./ tú

2. Rosita quiere que *Federico* vaya con ella.

   tú/ ellos/ yo/ él/ nosotros

3. Ellos insisten en que *Uds.* les den más tiempo.

   nosotros/ tú/ él/ yo/ ellas

4. Yo dudo que *Juan* esté de vuelta.

   ellos/ tú/ Uds./ él/ nosotros

II. The Subjunctive with Expressions of Unreality or Uncertainty

No creo que haya mucha gente . . .

Expressions of doubt or negation in the main clause require the subjunctive in the subordinate clause if there is change of subject.

No digo que no vaya a encontrar . . .

Ejercicio

Repita Ud. las frases siguientes. Al oír una frase nueva, cambie según el modelo.

Modelo: Federico se compra tanta ropa. (Dudo)
            Dudo que Federico se compre tanta ropa.

1. Hay muchas cosas baratas en esta tienda. (No creo)
2. Estamos cansados. (No es verdad)
3. Los López van a México este verano. (Dudamos)
4. La vida es muy cara en Hispanoamérica. (Ella no cree)
5. Carola trabaja en una zapatería. (No es cierto)
6. Ud. no sabe los últimos chismes. (No creo)
7. Ellos salen mañana. (No estamos seguros de)
8. Yo tengo suficiente dinero. (¿Duda Ud.?)
9. Juanita llega a casa a la medianoche. (No es cierto)
10. Sus padres le dan todo. (Ellos no creen)

III. The Subjunctive with Expressions of Unreality or Uncertainty (continued)

Hasta que estén bien establecidos . . .

Uncertainty or unreality may also be expressed by certain conjunctions which introduce the subordinate clause. Some of the most commonly used conjunctions and their usage are as follows:

A. The subjunctive is **always** used after the following conjunctions:

antes de que	a menos (de) que
con tal (de) que	en caso (de) que
para que	

En caso de que Federico no encuentre empleo.

B. The subjunctive is used after the following conjunctions **if the action has not been completed:**

cuando	en cuanto
hasta que	tan pronto como
después (de) que	

Cuando se vayan a su luna de miel . . .

C. The subjunctive is used after the following conjunctions **if there is any uncertainty in the speaker's mind:**

aunque	a pesar (de) que

Aunque los hijos no agradezcan . . .

Ejercicio

Repita la frase siguiente y luego cambie la conjunción (conjunction).

1. Trabajaré *después que* me paguen.

    para que/ con tal que/ cuando/ en cuanto

2. Federico no trabajará *hasta que* tenga necesidad.

    a menos que/ a pesar de que/ aunque

3. *A menos que* pregunte, no se lo diga.

    en caso que/ aunque/ a pesar de que

4. Te llamaré *en cuanto* lo vea.

    después que/ cuando/ tan pronto como/ en caso que

Diálogo para memorizar

S<small>RA.</small> A<small>LVÍREZ</small>: Aquí está toda la ropa de Rosita. Dudo que haya algo más que podamos comprarle.

S<small>RA.</small> L<small>ÓPEZ</small>: Espero que esté satisfecha, aunque en esta época los hijos no agradezcan nada.

S<small>RA.</small> A<small>LVÍREZ</small>: Cuando se vayan a su luna de miel Rosita llevará todo nuevo.

S<small>RA.</small> L<small>ÓPEZ</small>: Hay que ayudarlos para que su matrimonio sea feliz. El dinero no será la felicidad pero, ¡cómo ayuda!

PREGUNTAS

A. Según el diálogo para conversación:

1. ¿Por qué está la Sra. López en casa de los Alvírez?
2. ¿Qué es el ajuar de novia?
3. ¿Qué saca la Sra. Alvírez de un armario?
4. ¿Tiene buena opinión de Federico la Sra. López?
5. ¿Cree realmente la Sra. López que Federico encuentre empleo?
6. ¿Hasta cuándo quiere la Sra. Alvírez ayudar a Rosita y a Federico?
7. ¿Qué duda la Sra. López?
8. ¿Quién de las amigas de Rosita tuvo mejor ropa que ella?
9. ¿Quién es Juanita?
10. ¿Quién es Ricardo?
11. ¿Por qué no quiere la Sra. López que Ricardo y Juanita se casen todavía?
12. ¿Qué le dijeron a la Sra. Alvírez?
13. Según la Sra. López, ¿dónde estaba Federico?
14. ¿Cree Ud. que la Sra. López y la Sra. Alvírez son buenas amigas?
15. ¿Están Uds. seguros de que Rosita y Federico se casarán?

B. Generales:

1. ¿Es común tener ajuar de novia?
2. ¿Cree Ud. que es necesario tener trabajo antes de casarse?
3. ¿Lo ayudarán a Ud. sus padres cuando se case?
4. ¿Cuántos años cree Ud. que una persona deba tener al casarse?
5. ¿Debe haber igualdad entre el hombre y la mujer en el matrimonio?
6. ¿Cree Ud. que exista el matrimonio ideal?
7. ¿Cuándo se casará Ud.?
8. ¿Qué es la luna de miel?
9. ¿Cuáles son los lugares más populares para la luna de miel?

10. ¿Preparará Ud. la comida en cuanto llegue a casa?

11. ¿Para qué les hablo español?

12. ¿Estudiará Ud. el español hasta que lo hable bien?

13. ¿Cree Ud. que lloverá hoy?

14. ¿Es cierto que Ud. es profesor (-a)?

15. ¿Es verdad que Ud. nunca viene a clase?

Vocabulario

agradecer—to thank
el ajuar—trousseau
el armario—wardrobe
la bata—robe
callarse—to shut up
el camisón—nightgown
el conjunto—outfit
dudar—to doubt
el empleo—work, employment
establecido, -a—settled
existir—to exist, be
la falda—skirt

faltar—to lack
la felicidad—happiness
el fondo—slip
el guardarropa—wardrobe
Hispanoamérica—Spanish America
ideal—ideal
la luna—moon
llover—to rain
la miel—honey
realmente—really
satisfecho, -a—satisfied
suficiente—enough

Modismos

a menos que—unless
en cuanto—as soon as
por cierto—in fact
tan pronto como—as soon as

Lección XXXII
CELOS

Diálogo para conversación

(Rosita y Federico se asolean junto a la piscina de la casa de Rosita. Federico trata de platicar con ella, pero Rosita le contesta con monosílabos.)

FEDERICO: Es lástima que no sientas ganas de hablar con tu futuro esposo.

ROSITA: ¿Futuro esposo? ¡Ja! ¡Ja! De payaso no te ganarías la vida.

FEDERICO: (Se enrolla una toalla en la cabeza. Dice que es un mago y que va a adivinarle la suerte.)
Veo, señorita, que su novio busca a alguien que lo quiera mucho, que piense en él con amor, que duerma en sus brazos.

ROSITA: Pues, es posible que ya la haya encontrado. ¿No ve usted en su bola de cristal a una cantante regordeta que sólo aparece de noche como las lechuzas?

FEDERICO: ¿Qué dice usted, señorita? No creo que sea usted feliz. ¿O está usted enojada? ¿O simplemente un poco molesta? ¡Oh, no! ¿Es posible que tenga celos?

ROSITA: (Muy seria.) Federico, ¿es tan extraño que te pida una una explicación sobre tus relaciones con Carola?

FEDERICO: (Enojado.) Rosita, ya sabes que no hay nada entre Carola y yo. Ya te lo he dicho. No es agradable que vuelvas con esas tonterías.

ROSITA: Mi mamá no las considera tonterías. Dice que todavía estamos a tiempo de suspender la boda. (Se le salen unas lágrimas.)

FEDERICO: ¡Rosita! ¡Boba! Tú sabes QUE TE ADORO. (La abraza y la besa.)

Jealousy

(Rosita and Federico are sunbathing by the pool at Rosita's house. Federico tries to chat with her, but she answers him curtly.)

FEDERICO: It's a pity that you don't feel like talking with your future husband.

ROSITA: Future husband? Ha! Ha! As a clown you wouldn't earn a living.

FEDERICO: (He rolls a towel around his head. He says that he is a magician and he is going to foretell Rosita's future.)

I see, Miss, that your boyfriend is looking for someone who is very fond of him, who will think of him with love, who will sleep in his arms.

ROSITA: Well, it's possible that he has already found her. Don't you see in your crystal ball a plump singer who only appears at night like the owls?

FEDERICO: What are you saying, Miss? I don't believe that you are happy. Or are you angry? Or are you simply a little annoyed? Oh, no! Is it possible that you are jealous?

ROSITA: (Very serious.) Federico, is it so strange that I am asking you for an explanation about your relationship with Carola?

FEDERICO: (Angry.) Rosita, you already know that there is nothing between Carola and me. I have already told you. It isn't pleasant for you to keep bringing up such nonsense.

ROSITA: My mother doesn't consider it nonsense. She says that we still have time to call off the wedding. (She sheds a few tears.)

FEDERICO: Rosita! You little fool! You know that I ADORE YOU. (He hugs and kisses her.)

I. Present Subjunctive of Stem Changing Verbs

A. -AR (ie, ue) and -ER (ie, ue) Verbs

PENSAR		VOLVER	
piense	pensemos	vuelva	volvamos
pienses	penséis	vuelvas	volváis
piense	piensen	vuelva	vuelvan

The same changes occur in the verbs *PODER* and *QUERER*.

B. -IR (ie, i), (ue, u), (i, i) Verbs

SENTIR		DORMIR	
sienta	sintamos	duerma	durmamos
sientas	sintáis	duermas	durmáis
sienta	sientan	duerma	duerman

PEDIR	
pida	pidamos
pidas	pidáis
pida	pidan

Ejercicio

Ejercicio de substitución.

1. Me alegro de que *Ud.* piense ir.

   tú/ Margarita y Carmen/ él/ nosotros/ Uds./ Ud. y yo

2. Esperan que *nosotros* volvamos a tiempo.

   yo/ Uds./ tú/ Margarita y yo/ ellos/ Ud./ él

3. No es verdad que *ella* no se sienta bien.

   nosotros/ tú/ Rosita/ Uds./ mis padres/ él/ yo

4. ¿Duda Ud. que *Federico* duerma tanto?

   los alumnos/ el profesor/ nosotros/ ellos/ Carmen y yo/ ella

5. ¿Quieres que *yo* se lo pida a Rosita?

   ellos/ nosotros/ él/ Juan y Federico/ mi padre/ el mago

II. Present Perfect Subjunctive

> The present subjunctive of the verb *HABER* and the past participle are used to form the present perfect subjunctive.
>
> **haya hablado**   **hayamos hablado**
> **hayas hablado**   **hayáis hablado**
> **haya hablado**   **hayan hablado**

Ejercicio

Cambie según el modelo.

Modelo: Me alegro de que *Ud. pueda* venir.
            Me alegro de que *Ud. haya podido* venir.

1. Esperan que *yo se los pida.*
2. No creo que *ellos vuelvan* a tiempo.
3. Me sorprende que *Uds. no lo hagan.*
4. Ella no cree que *Federico lo pueda* hacer.
5. Ellos se alegran de que *yo les escriba.*
6. Temo que *ella nos vea.*
7. Espero que *Uds. se sientan* mejor.
8. ¿Duda Ud. que *Carola se ponga* ese bikini?
9. No creo que *Federico vuelva* hasta las tres de la mañana.
10. No estamos seguros de que *ella lo diga.*

11. El espera que *nosotros no lleguemos* tarde.
12. Nos alegramos de que *Ud. quiera* venir.
13. Ella teme que *yo no se lo devuelva.*
14. No es verdad que *Federico visite* a Carola.
15. Ellos no creen que *el niño lo abra.*

III. The Subjunctive with Expressions of Uncertainty or Unreality (continued)

Veo, señorita, que su novio busca a alguien *que lo quiera* mucho.

> The subjunctive is used if the subordinate clause refers to someone or something in the main clause which is negative, indefinite, or nonexistent.

Ejercicio

Conteste Ud. las preguntas siguientes en forma afirmativa y negativa, según el modelo.

Modelo: ¿Hay alguien que pueda darme mil dólares?
           Sí, hay alguien que *puede* darle mil dólares.
           No, no hay nadie que *pueda* darle mil dólares.

1. ¿Hay casas que tengan diez cuartos?
2. ¿Hay familias que vayan al cine diariamente?
3. ¿Conoce Ud. a alguien que sea celoso?
4. ¿Hay novios que no sepan lo que hacen sus novias?
5. ¿Hay personas a quienes no les guste discutir?
6. ¿Conocen Uds. a alguien que sea millonario?
7. ¿Hay alguien que le dé consejos a Ud.?
8. ¿Hay algo que Ud. no comprenda en la vida?
9. ¿Conocé Ud. a alguien que se llame Gregorio Pico?
10. ¿Hay tiendas que vendan talismanes en esta ciudad?
11. ¿Hay alguien aquí que crea en la astrología?
12. ¿Cree Ud. que Rosita tenga celos?
13. ¿Hay estudiantes que contesten todas las preguntas?
14. ¿Hay lugares donde pueda yo comprar sin dinero?
15. ¿Conoce Ud. a alguien que diga siempre la verdad?

IV. Impersonal Expressions

> Impersonal expressions require the subjunctive in the subordinate clause if there is a change of subject. They may express implied commands, emotion or uncertainty.
>
> Es lástima *que no sientas* ganas de hablar.

Some of the most common impersonal expressions that may require the subjunctive are:

es importante	es necesario
es lástima	es preciso
es posible	no es verdad
es imposible	no es cierto
es mejor	no es seguro

Diálogo para memorizar

SRA. GÓMEZ: Es lástima que Rosita no le pida una explicación a Federico.

SRA. DOMÍNGUEZ: Es posible que Federico no piense dársela.

SRA. GÓMEZ: A menos que ya haya peleado con Carola otra vez.

SRA. DOMÍNGUEZ: No creo que la mamá de Rosita duerma tranquila estos días. Ya la boda estaba anunciada . . .

SRA. GÓMEZ: Dudo que Rosita y Federico vuelvan a quererse como antes. Es difícil olvidar estas cosas.

SRA. DOMÍNGUEZ: Y lo peor es que no creo que Federico se sienta culpable. ¡Es tan irresponsable!

PREGUNTAS

A. Sobre el diálogo para conversación:

1. ¿Qué hacen Rosita y Federico?
2. ¿Qué trata de hacer Federico?
3. ¿Cómo le contesta Rosita?
4. ¿Por qué se enrolla Federico una toalla en la cabeza?
5. ¿Qué va a adivinar?
6. Según Federico, ¿qué busca el novio de Rosita en una mujer?
7. ¿A quién dice Rosita que ya habrá encontrado Federico?
8. ¿Quién es la cantante regordeta?
9. ¿Qué es una lechuza?
10. Según Federico, ¿qué es posible que le pase a Rosita?
11. ¿Qué explicación le pide Rosita a Federico?
12. ¿Qué hay entre Federico y Carola, según Federico?
13. ¿Qué dice la mamá de Rosita sobre estas relaciones?
14. ¿Qué sugiere que hagan respecto a la boda?
15. ¿Qué le contesta Federico?

B. Generales

1. ¿Qué cualidades desea Ud. que tenga su futuro esposo (-a)?
2. ¿Es natural que alguien sienta celos de su novio (-a)?
3. ¿Qué hace Ud. cuando tiene celos?
4. ¿Cuál es la diferencia entre los celos y la envidia?
5. ¿Puede uno ser feliz con una persona muy celosa?
6. ¿Es cierto que en el amor las discusiones son útiles?
7. ¿Es bueno que una joven le pida consejos a su mamá?
8. ¿Hay algo que Ud. no comprenda respecto a su novio (-a)?
9. ¿Conoce Ud. a alguien que sea más celoso que Otelo?
10. ¿Es natural que las personas piensen mucho en el amor?
11. ¿Es cierto que las lechuzas traen buena suerte en el amor?
12. ¿Es Ud. feliz? O ¿está usted enojado (-a)? O ¿simplemente está molesto (-a)?
13. ¿Cree Ud. que deba haber bodas formales?
14. ¿Cree Ud. que deba gastarse mucho dinero en una boda?
15. ¿Es justo que la familia de la novia pague casi todos los gastos?

Vocabulario

abrazar—to hug, embrace
adorar—to adore
anunciado, -a—announced
aparecer—to appear
asolearse—to sun bathe
besar—to kiss
el brazo—arm
celoso, -a—jealous
el consejo—advice
considerar—to consider
diariamente—daily
enrollarse—to roll, wrap
la envidia—envy
la explicación—explanation
el gasto—expense

irresponsable—irresponsible
justo, -a—just
la lechuza—owl
el mago—magician
molesto, -a—annoyed, bothered
el monosílabo—monosyllable
natural—natural
olvidar—to forget
Otelo—Othello
preciso—necessary
regordete, -ta—plump
la relación—relationship
serio, -a—serious
suspender—to call off
la toalla—towel
tranquilo, -a—tranquil, peaceful

Modismos

adivinar la suerte—to tell a fortune
respecto a—with respect to
sentir ganas de—to feel like
tener celos—to be jealous

Lección XXXIII
EN EL SUPERMERCADO

Diálogo para conversación

(Rosita y Juanita están de compras en el supermercado.)

ROSITA: ¿Qué me dijo mi mamá que comprara?

JUANITA: Te dijo que compraras fruta de la estación.

ROSITA: (Va poniendo fruta en el carrito y diciendo:) Naranjas, peras, manzanas, melocotones . . . También quería que pensáramos en algo para la cena.

JUANITA: Pues, quizás los mariscos estén buenos hoy. O tal vez te convenga llevar pescado, o carne, o hígado.

ROSITA: Amén. ¿Me dijo que llevara legumbres frescas o congeladas?

JUANITA: No me acuerdo. Pero te dijo que hablaras con Antonio Ordiales, el gerente. Pregúntale que mercancía está rebajada.

ROSITA: El carnicero ya me dijo que ofrecerían costillas de carnero muy baratas. (Luego, como en un sueño:) Antonio Ordiales. Costillas. Suena bíblico. Adán y Eva. El y ella . . .

JUANITA: (Asomándose a la oficina de Antonio.) No está. Dudo que vuelva pronto. Generalmente a esta hora va a su casa a comer.

ROSITA: No sabía que comiera tan tarde, ni que viviera tan cerca.

JUANITA: Ni sabías que sintiera gran admiración por ti, hasta que te lo dije.

ROSITA: ¡Juanita! Tú sabes que me caso en unas semanas.

JUANITA: Antonio es guapo, trabajador, simpático, rico . . .

ROSITA: ¡Ay! ¡No me digas!

At the Supermarket

(Rosita and Juanita are shopping at the supermarket.)

ROSITA: What did my mother tell me to buy?

JUANITA: She told you to buy fruit in season.

ROSITA: (She goes about putting fruit in the cart and saying:) Oranges, pears, apples, peaches . . . She also wanted us to think about something for dinner.

JUANITA: Well, maybe shellfish is good today. Or perhaps it might be better for you to take fish, or meat, or liver.

ROSITA: Amen. Did she tell me to get fresh or frozen vegetables?

JUANITA: I don't remember. But she told you to talk with Antonio Ordiales, the manager. Ask him what items are on sale.

ROSITA: The butcher already told me that rib lamb chops would be very cheap. (Then, dreamily:) Antonio Ordiales. Ribs. It sounds biblical. Adam and Eve. He and she . . .

JUANITA: (Peeking into Antonio's office.) He's not in. I doubt that he will return soon. Generally at this hour he goes home to eat.

ROSITA: I didn't know that he ate so late, nor that he lived so close.

JUANITA: Nor did you know that he felt great admiration for you, until I told you.

ROSITA: Juanita! You know that I will be marrying in a few weeks.

JUANITA: Antonio is handsome, hard-working, nice, rich . . .

ROSITA: Ah! Is that so!

I. The Imperfect Subjunctive

HABLAR		COMER	
habla ra	hablá ramos	comie ra	comié ramos
habla ras	habla rais	comie ras	comie rais
habla ra	habla ran	comie ra	comie ran
habla se	hablá semos	comie se	comié semos
habla ses	habla seis	comie ses	comie seis
habla se	habla sen	comie se	comie sen

VIVIR	
vivie ra	vivié ramos
vivie ras	vivie rais
vivie ra	vivie ran
vivie se	vivié semos
vivie ses	vivie seis
vivie se	vivie sen

The imperfect subjunctive of all verbs—regular and irregular—is formed by dropping *-ron* of the third person plural form of the preterite indicative and adding the above endings.

The two forms of the imperfect subjunctive *-ra* or *-se* are generally interchangeable.

Ejercicio

Ejercicio de substitución.

1. Ella quería que *tú* conocieras a su agente.

   yo/ Uds./ Juan/ ellos/ nosotros

2. Carola temía que *Federico* no viniera a la fiesta.

   Uds./ yo/ tú/ nosotros/ él

3. Me gustaría que *Juan* fuera con nosotros.

   Uds./ tú/ Carmen/ Ud./ él

4. Pedro *me pidió* que lo esperara.

   te pidió/ nos pidió/ le pidió/ os pidió/ les pidió

II. Sequence of Tenses

> If the verb in the main clause is in the present, the future, or the present perfect tense, the verb in the subordinate clause subjunctive is the same as in English.
>
> Es posible que vaya.   It is possible that he is going.
>
> Es posible que fuera.   It is possible that he went.
>
> However, if the verb in the main clause is in a past tense (the preterite, the imperfect, the conditional, or the pluperfect), the verb in the subordinate clause must be in a past subjunctive.
>
> Quería que él fuera conmigo.   I wanted him to go with me.

Ejercicio

Repita y luego cambie al tiempo pasado.

Modelo: Temo que ella no lo quiera.   (Yo temía)
            Yo temía que ella no lo quisiera.

1. Insisten en que yo diga la verdad.   (Insistieron)
2. Será mejor que no lo hagas.   (Sería mejor)
3. Nos piden que lo pongamos ahí.   (Nos pidieron)
4. Es lástima que no venga.   (Era lástima)
5. La madre quiere que sean buenos.   (La madre quería)
6. Esperamos que Ud. lo sepa.   (Esperábamos)
7. Juan quiere que yo lo haga pronto.   (Juan quería)

8. Federico lo escribirá con tal que lo lean.   (Federico lo escribiría)
9. ¿Teme Ud. que no lleguen a tiempo?   (¿Temía Ud.?)
10. No creo que Federico oiga el teléfono.   (No creía)
11. ¿Se alegra Ud. de que ellos estén aquí?   (¿Se alegró Ud.?)
12. No creo que él lo traiga.   (No creía)
13. Es imposible que ese reloj ande bien.   (Era imposible)
14. Dudo que haya mucha gente en la fiesta.   (Dudaba)
15. No me sorprende que ella tenga tantos novios.   (No me sorprendió)

Diálogo para memorizar

ROSITA: ¿Qué me dijo mi mamá que comprara?
JUANITA: Te dijo que pidieras fruta de la estación.
ROSITA: Dudo que tengan buena fruta aquí.
JUANITA: Te dijo que antes de comprar uvas, te comieras una o dos para probarlas.
ROSITA: ¡Tanto hablar de comida! ¡Nunca creí que la gente viviera para comer!
JUANITA: Pues vivir para comer no es tan malo. Uno puede vivir para peores cosas.

PREGUNTAS

A. Sobre el diálogo para conversación:

1. ¿Qué hacen Rosita y Juanita?
2. ¿Qué le dijo a Rosita su mamá?
3. ¿Qué frutas pone Rosita en el carrito?
4. ¿En qué les pidió que pensaran la mamá de Rosita?
5. ¿Qué se le ha olvidado a Rosita?
6. ¿Con quién quiere la señora que hable Rosita?
7. ¿Qué le ha dicho el carnicero a Rosita?
8. ¿Por qué piensa Rosita en Adán y Eva?
9. ¿Dónde está el gerente a esa hora?
10. ¿Sabía Rosita que Antonio comía tarde?
11. ¿Sabía Rosita que Antonio vivía cerca?
12. ¿Qué otra cosa no sabía Rosita?
13. ¿Cómo es Antonio?
14. ¿Por qué no quiere Rosita que Juanita le hable de Antonio?
15. ¿Cree Ud. que a Rosita le interese Antonio?

B. Generales:

1. ¿Cuándo va Ud. de compras al supermercado?
2. ¿Prefiere Ud. ir de compras solo (-a) o acompañado (-a)?
3. ¿Qué compra Ud. en el supermercado?
4. ¿Por qué son populares los supermercados?
5. ¿Hay algo de comer que no le guste a Ud.?
6. Cuando Ud. era niño (-a), ¿había algo de comer que no le gustara?
7. ¿Qué le aconsejan los doctores que coma Ud.?
8. ¿Qué le decía su mamá que comiera, cuando era niño (-a)?
9. ¿Teme Ud. que sigan subiendo los precios?
10. ¿Temía Ud. que su mamá le diera hígado?
11. ¿Qué le pide a Ud. su esposo (-a) que compre en el supermercado?
12. ¿Qué le pedía a Ud. su mamá que no hiciera en el supermercado?
13. ¿Quiénes eran Adán y Eva?
14. ¿Dónde almuerza uno en los Estados Unidos, generalmente?
15. ¿Cuál es el horario de trabajo en los países de habla española, generalmente?

Vocabulario

Adán—Adam
la admiración—admiration
el agente—agent
almorzar (ue)—to eat lunch
amén—amen
asomarse—to peek
bíblico, -a—biblical
el carnero—lamb
el carnicero—butcher
el carrito—cart
congelado, -a—frozen
convenir—to be convenient
la costilla—rib, chop
Eva—Eve
fresco, -a—fresh

la fruta—fruit
el hígado—liver
el horario—schedule
interesar—to interest
la legumbre—vegetable
la manzana—apple
los mariscos—shellfish
el melocotón—peach
la mercancía—merchandise
la pera—pear
probar—to taste
rebajado, -a—reduced
trabajador, -ra—hard-working
la uva—grape

Modismo

tal vez—perhaps

ACTIVIDAD

Estamos en el supermercado. Cada uno de los alumnos va a preguntarle a un compañero (-a) dónde puede encontrar diversos artículos que necesite. Cada alumno (-a) debe pedir un artículo diferente. La persona que conteste debe dar instrucciones exactas. Algunos términos que pueden usarse son:

a la derecha	en la parte de arriba
a la izquierda	en la parte de abajo
pasillo número . . .	en el centro
estante número . . .	al final de

Vocabulario

abajo—below

el artículo—article, item

diverso, -a—varied

el estante—shelf

el término—term

Lección XXXIV
EN UN "COCTEL"

Diálogo para conversación

(Carola Dado, con un vestido cubierto de lentejuelas y escotado hasta la cintura, recibe a sus invitados.)

CAROLA: ¡Federico! ¡Qué gusto verte! Temía que no hubieras recibido la invitación a tiempo.

FEDERICO: Aquí me tienes, todo tuyo. No creí que hubiera tanta gente.

CAROLA: Es tu público. ¡Hala, chico! que quiero que conozcas a mi agente. Me gustaría que te oyera cantar.

EL SR. PESETAS: (Con un brillante en cada dedo y otro en la corbata.) Tanto gusto, Sr. Guerra. Yo quisiera que me diera el placer de oírlo cantar. Venga al piano.

FEDERICO: (Se sienta al piano y canta.)
"Si me conocieras,
Si me comprendieras,
Qué feliz me harías . . ."

EL SR. PESETAS: ¡Magnífico! ¡Maravilloso! ¡Qué genio! ¡Qué sensación sería en el mundo del arte!

CAROLA: (Emocionada.) Vaya, hijo, que no creo que puedas encontrar mejor agente. ¡Cáspita, Federico! Ahora recuerdo: yo habría invitado a Rosita, si hubiera tenido su dirección.

At a Cocktail Party

(Carola Dado, in a dress covered with sequins and a neckline plunging to her waist, is receiving her guests.)

CAROLA: Federico! What a pleasure to see you! I feared that you hadn't received the invitation on time.

FEDERICO: Here I am, all yours. I didn't believe that there would be so many people.

CAROLA: They are your fans. Come on, young man! I want you to meet my agent. I would like him to hear you sing.

MR. PESETAS: (With a diamond on each finger and another one on his tie.) Such a pleasure, Mr. Guerra. I would like you to give me the pleasure of hearing you sing. Come to the piano.

FEDERICO: (He sits at the piano and sings.)

"If you knew me,

If you understood me,

How happy you would make me . . .

MR. PESETAS: Magnificent! Marvelous! What a genius! What a sensation he would be in the art world!

CAROLA: (Excited.) Come, come, I don't believe that you can find a better agent. Oh, dear me, Federico! Now I remember: I would have invited Rosita, if I had had her address.

I. Imperfect Subjunctive of Verbs Irregular in the Preterite

No creí que *hubiera* tanta gente.

	3rd Pers. Pl. Preterite	Imperfect Subjunctive	
ANDAR	anduvieron	anduviera, etc.	anduviese, etc.
CREER	creyeron	creyera, etc.	creyese, etc.
DAR	dieron	diera, etc.	diese, etc.
DECIR	dijeron	dijera, etc.	dijese, etc.
ESTAR	estuvieron	estuviera, etc.	estuviese, etc.
HABER	hubieron	hubiera, etc.	hubiese, etc.
HACER	hicieron	hiciera, etc.	hiciese, etc.
IR	fueron	fuera, etc.	fuese, etc.
LEER	leyeron	leyera, etc.	leyese, etc.
OIR	oyeron	oyera, etc.	oyese, etc.
PODER	pudieron	pudiera, etc.	pudiese, etc.
PONER	pusieron	pusiera, etc.	pusiese, etc.
QUERER	quisieron	quisiera, etc.	quisiese, etc.
SABER	supieron	supiera, etc.	supiese, etc.
SER	fueron	fuera, etc.	fuese, etc.
TENER	tuvieron	tuviera, etc.	tuviese, etc.
TRAER	trajeron	trajera, etc.	trajese, etc.
VENIR	vinieron	viniera, etc.	viniese, etc.
VER	vieron	viera, etc.	viese, etc.

Ejercicio

Cambie al tiempo pasado según el modelo.

Modelo: Juan me pide que lo *ponga* ahí.   (Juan me pidió)
            Juan me pidió que lo *pusiera* ahí

1. Te digo que me lo *traigas*.   (Te dije)
2. Esperamos que Ud. *pueda* hacerlo.   (Esperábamos)
3. No es verdad que ese coche *ande* bien.   (No era verdad)
4. No quiero que tú *leas* mis cartas.   (No quería)
5. Dudo que ellos lo *sepan*.   (Dudaba)
6. No creo que Juanita *quiera* ir.   (No creía)
7. Insisten en que Uds. *estén* listos a tiempo.   (Insistían)
8. Temo que Ud. no me *crea*.   (Temía)
9. Vamos a decírselo en cuanto lo *veamos*.   (Ibamos)
10. Es posible que Federico no *oiga* bien.   (Era posible)

II. The Pluperfect Subjunctive

hubiera hablado	**hubiéramos hablado**
hubieras hablado	**hubierais hablado**
hubiera hablado	**hubieran hablado**

The imperfect subjunctive form of *HABER* and the past participle are used to form the pluperfect subjunctive tense.

Ejercicios

A. Ejercicio de substitución.

1. Yo temía que *Juan* no hubiera recibido la invitación.

   ellos/ tú/ ella/ vosotros/ Uds.

2. Juan no creía que *tú* la hubieras visto.

   yo/ ellos/ nosotros/ él/ Uds.

3. Dudaba que *ellos* hubieran vuelto.

   él/ vosotros/ tú/ Uds./ ella

4. No era cierto que *Federico* la hubiera invitado.

   yo/ ellos/ nosotros/ ella/ tú

5. Esperábamos que *Ud.* lo hubiera oído cantar.

   tú/ ellos/ ella/ vosotros/ Uds.

B. Cambie al pluscuamperfecto (pluperfect) según el modelo.

Modelo: No creo que *hava* llegado.   (No creía)
No creía que *hubiera* llegado.

1. Temo que no *hayan recibido* la invitación.   (Temía)
2. No creo que *haya cantado*.   (No creía)
3. No es posible que ya *hayas terminado*.   (No era)
4. Espero que los *hayan invitado*.   (Esperaba)
5. Dudamos que Federico lo *haya conocido*.   (Dudábamos)
6. Es lástima que no *haya ido*.   (Era)
7. No estoy seguro (—a) de que ya *hayan vuelto*.   (No estaba)
8. ¿Hay alguien que lo *haya visto?*   (Había)
9. ¿Es posible que lo *haya dicho?*   (Era)
10. Dudamos que Juan lo *haya hecho*.   (Dudábamos)

III. The Subjunctive in **If**-Clauses

Si me *comprendieras*, qué feliz me *harías*.
Habria invitado a Rosita si *hubiera tenido* su dirección.

> When an "*if*-clause" expresses a condition that is contrary to
> fact, the imperfect or the pluperfect subjunctive is used. The
> conditional or the conditional perfect is used in the main clause.

Ejercicios

A. Cambie según el modelo.

Modelo: Si no llueve, vamos al parque.
Si no lloviera, iríamos al parque.

1. Me desayuno si hay tiempo.
2. Si Juan puede ir, me llamará.
3. Si cuesta mucho, no lo compraré.
4. No viajan si no tienen dinero.
5. Vamos a la playa si hace calor.

B. Cambie al pluscuamperfecto según el modelo.

Modelo: Si no lloviera, iríamos al parque.
Si no hubiera llovido, habríamos ido al parque.

1. Si estudiaras, sacarías mejores notas.
2. Viajaríamos si tuviéramos dinero.
3. Si yo fuera tú, no se lo diría.
4. Si Federico estuviera aquí, cantaría.
5. No llegarías tan tarde si salieras más temprano.

Diálogo para memorizar

MESERO: ¿Quisiera una copa, señor? ¿Bocadillos?

FEDERICO: Sí, gracias, vino, por favor. Pero preferiría que me trajera el vino en un vaso en vez de una copa. Y algo más substancioso que un bocadillo.

MESERO: Si los tuviéramos, con mucho gusto se los traería, pero . . . Aquí viene la señorita.

CAROLA: ¿Qué pasa?

FEDERICO: Sabes, Carola, me habría gustado que me hubieran servido emparedados.

CAROLA: (Al mesero, sonriendo.) Pues, ya has oído al señor. Tráele un galón de vino y un emparedado relleno con un pollo entero.

PREGUNTAS

A. Según el diálogo para conversación.

1. ¿Cómo es el vestido de Carola?
2. ¿Qué está haciendo Carola?
3. ¿Qué le dio gusto a Carola?
4. ¿Qué temía Carola?
5. ¿Qué no creía Federico?
6. ¿A quién quiere Carola que Federico conozca?
7. ¿Qué le gustaría a Carola?
8. ¿Dónde lleva brillantes el Sr. Pesetas?
9. ¿Qué quisiera el Sr. Pesetas?
10. ¿Qué hace Federico?
11. ¿Qué dice el Sr. Pesetas después de oír a Federico?
12. ¿Cree Ud. que el Sr. Pesetas sea sincero?
13. ¿A quién no invitó Carola a la fiesta?
14. ¿Por qué no invitó Carola a Rosita?
15. ¿Habría ido Rosita a la fiesta si hubiera recibido la invitación?

B. Generales:

1. ¿Qué es un "coctel"?
2. Generalmente, ¿qué sirven de comer en un "coctel"?
3. ¿Son populares los "cocteles" en esta ciudad?
4. ¿Cómo se vestiría Ud. si fuera a un "coctel"?
5. ¿Cómo se vestiría Ud. si fuera a un día de campo?
6. ¿Qué clase de fiestas dan sus amigos?
7. ¿Ha ido Ud. alguna vez a una fiesta sin invitación?

8. ¿De qué manera puede hacerse una invitación?

9. Si una invitación dice "RSVP," ¿qué debe uno hacer?

10. ¿Cuándo necesitaría Ud. un agente como el Sr. Pesetas?

11. ¿Quiénes son los cantantes más populares de hoy?

12. ¿Quiénes fueron algunos de los famosos cantantes del pasado?

13. ¿Podría Ud. contestar las preguntas si no hubiera estudiado?

14. ¿Quién le aconsejó que tomara este curso?

15. Si alguien le pidiera que expresara un deseo, ¿cuál sería?

Vocabulario

aconsejar—to advise
el arte—art
el bocadillo—dainty sandwich
el brillante—diamond
¡cáspita!—oh dear!
la cintura—waist
el coctel—cocktail
cubierto, -a (de)—covered (with)
el dedo—finger
entero, -a—whole

escotado, -a—plunging
el galón—gallon
el genio—genius
¡hala!—come on!, hurry up!
la lentejuela—sequin
magnífico, -a—magnificent
el piano—piano
el placer—pleasure
la playa—beach
relleno, -a—stuffed
la sensación—sensation
substancioso, -a—nourishing

ACTIVIDAD

Cada alumno va a narrar, con sus propias palabras, la escena de la fiesta de Carola. La narración se hará en tiempo pasado y los alumnos tratarán de usar el imperfecto del subjunctivo, siempre que así lo requiera la estructura de la frase.

Vocabulario

la escena—scene
la estructura—structure
la narración—narration
  narrar—to narrate

propio, -a—one's own
requerir (ie)—to require
el subjuntivo—subjunctive

Lección XXXV

EL BANQUETE DE BODAS
(En el Centro Vasco)

Diálogo para conversación

SRA. AZCÁRRAGA: Pasadme el champaña, que parece que los novios se tardan más de lo debido.

SR. AZCÁRRAGA: Buen pretexto. Pero no nos emborrachemos, mujer . . .

SRA. IBARBUENGOITIA: ¡Mirad! ¡Mirad! Ya han llegado. Los fotógrafos no los dejan pasar. ¡Qué entren!

SRA. LÓPEZ: ¡Pobre Rosita! ¡Lo que estará sufriendo!

SRA. AZCÁRRAGA: ¡Ca, mujer! Que la Rosa es muy grosera. La forma en que le hablaba a Federico. No seamos románticas.

SRA. IBARBUENGOITIA: Y Carola es tan casera. Ella nunca va a ningún lado sin Federico. Todos los días, del cabaret se va derechito a su casa.

SRA. AZCÁRRAGA: Además, es una real moza. Y quiere tanto a Federico. Aceptémoslo, la mujer española es buena esposa.

SRA. LÓPEZ: (Molesta.) Las latinas también tienen lo suyo. Para Federico este matrimonio fue buen negocio. Con Carola no tendrá que trabajar mucho.

SRA. AZCÁRRAGA: Pues, me han dicho que la Rosa se consuela bien con Antonio Ordiales.

CAROLA: (Sonriendo feliz a su agente que está a su izquierda y a Federico que está a su derecha.) Sentaos, sentaos junto a mí, queridos. Muy cerca de mí. Os amo.

SRA. AZCÁRRAGA: La pareja perfecta.

TODOS: ¡QUE VIVAN LOS NOVIOS!

The Wedding Banquet
(At the Basque Center)

SRA. AZCÁRRAGA: Pass me the champagne, it seems that the bride and bridegroom are delayed more than they should.

SR. AZCÁRRAGA: Good excuse. But let's not get drunk, woman . . .

SRA. IBARBUENGOITIA: Look! Look! They have already arrived. The photographers are not letting them come in. Let them come in!

SRA. LÓPEZ: Poor Rosita! What she must be suffering!

SRA. AZCÁRRAGA: Come on, woman! The fact is that Rosa is very rude. The way she would talk to Federico. Let's not be romantics.

SRA. IBARBUENGOITIA: And Carola is such a homebody. She never goes any place without Federico. Every day, from the nightclub she goes straight home.

SRA. AZCÁRRAGA: Besides, she is a very handsome woman. And she loves Federico so much. Let's accept it, the Spanish woman is a good wife.

SRA. LÓPEZ: (Annoyed.) Latin women also have their good points. For Federico this marriage was good business. With Carola he won't have to work so much.

SRA. AZCÁRRAGA: Well, I've been told that Rosa is consoling herself very well with Antonio Ordiales.

CAROLA: (Happily smiling at her agent who is at her left and Federico who is at her right.) Sit down, sit down close to me, darlings. Very close to me. I love you.

SRA. AZCÁRRAGA: The perfect couple.

EVERYONE: LONG LIVE THE BRIDE AND BRIDEGROOM!

I. First Person Plural Commands

First person plural commands (English "let's" verb) are formed by using the *nosotros* form of the present subjunctive or by *vamos a* + infinitive. Only the subjunctive verb is used for negative commands.

Comamos.	Let's eat.
Vamos a comer.	
No comamos.	Let's not eat.

When the verb is reflexive the final -*s* of the command form is dropped before adding the reflexive pronoun *nos*. The final -*s* is also dropped when the indirect object *se* follows the verb.

Sentémonos.	Let's sit down.
Démoselo.	Let's give it to him.

Ejercicios

Conteste Ud. las preguntas siguientes afirmativa y negativamente, según el modelo.

Modelo: ¿Mandamos la carta?   *Sí, mandemos la carta.*
No, no mandemos la carta.

1. ¿Abrimos la ventana?
2. ¿Cerramos el libro?
3. ¿Nos emborrachamos?
4. ¿Nos sentamos en el sofá?
5. ¿Nos lavamos la cara?
6. ¿Nos ponemos el sombrero?
7. ¿Devolvemos las fotografías?
8. ¿Pasamos el champaña?
9. ¿Nos vamos?
10. ¿Hacemos el negocio?
11. ¿Vendemos el coche?
12. ¿Damos la buena noticia?
13. ¿Abrimos la puerta?
14. ¿Traemos las copas?
15. ¿Llevamos a Rosita al cine?

II. Third Person Singular and Plural Commands

To express third person commands Spanish uses the third person singular or plural of the present subjunctive. This construction is introduced by *que* which translates to the English "have," "let," "may."

Que lo haga él.   Have (Let) him do it.
Que entren.   Have (Let) them enter.

Ejercicio

Al escuchar los siguientes mandatos (commands), conteste Ud. con una forma de mando indirecto (indirect command form), según el modelo.

Modelo: Llévelo Ud.   *Yo no tengo tiempo, que lo lleve él.*

1. Hágalo Ud.	6. Páguelas Ud.	11. Piénselo Ud.
2. Descanse Ud.	7. Páselo Ud.	12. Escúcheme Ud.
3. Entre Ud.	8. Escríbala Ud.	13. Hábleme Ud.
4. Búsquela Ud.	9. Lávese Ud.	14. Visíteme Ud.
5. Pregúntele Ud.	10. Quítelo Ud.	15. Siéntese Ud.

III. *Vosotros* Commands

HABLAR—**hablad**   COMER—**comed**
        no habléis   **no comáis**

                VIVIR—**vivid**
                        no viváis

The affirmative *vosotros* commands of all verbs are formed by dropping the final -*r* of the infinitive and adding -*d*. The *vosotros* form of the present subjunctive is used to express a negative command.

For reflexive verbs, drop the final -*d* and add the reflexive pronoun *os*. The only exception is *IRSE—idos.*

SENTARSE—**Sentaos.—No os sentéis.**
PONERSE—**Poneos.—No os pongáis.**
VESTIRSE—**Vestíos.—No os vistáis.**

Ejercicios

A. Dé la forma afirmativa, según el modelo.

Modelo: No me paséis la paella.   *Pasadme la paella.*

1. No tengáis cuidado.
2. No lo hagáis.
3. No salgáis con los muchachos.
4. No os lavéis la cara.
5. No lo aceptéis.
6. No os durmáis.
7. No lo pidáis.
8. No lo sirváis ahora.
9. No os vayáis.
10. no comáis tanto.

B. Dé la forma negativa, según el modelo.

Modelo: Pasadme la paella.   *No me paséis la paella.*

1. Callaos.   6. Poneos el sombrero.
2. Vestíos.   7. Quitaos el abrigo.
3. Habladme.   8. Idos en seguida.
4. Sentaos.   9. Traedme las copas.
5. Escribidle.   10. Venid conmigo.

Diálogo para memorizar

Sra. Azcárraga: Pasadme la paella, por favor.

Sr. Azcárraga: No comamos tanto, mujer. Recuerda tus problemas . . .

Sra. Ibarbuengoitia: ¡Qué marido más molesto tienes! ¡Que no coma él!

Sr. Azcárraga: Lo hago por su bien.

Sra. Azcárraga: Callaos, callaos. Ya vienen los novios.

Todos: ¡Que vivan los novios!

PREGUNTAS

A. Sobre el diálogo para conversación:

1. ¿Dónde se celebra el banquete de bodas?
2. ¿Qué quiere la Sra. Azcárraga?
3. ¿Qué dice de Rosita la Sra. López?
4. ¿Qué opina de Rosita la Sra. Azcárraga?
5. ¿Qué piensa de Carola la Sra. Ibarbuengoitia?
6. ¿Con quién sale siempre Carola?
7. ¿Adónde se va Carola al salir del cabaret?
8. ¿Qué opina de Carola la Sra. Azcárraga?
9. Según la Sra. Azcárraga, ¿cómo son las mujeres españolas?
10. Según la Sra. López, ¿cómo son las hispanoamericanas?
11. ¿Piensa bien de Federico la Sra. López?
12. ¿Cómo se encuentra Carola?
13. ¿Quiénes están junto a Carola?
14. ¿Qué les dice Carola a Federico y al Sr. Pesetas?
15. Según la Sra. Azcárraga, ¿por qué son Federico y Carola la pareja perfecta?

B. Generales:

1. ¿Le gusta a Ud. el champaña?
2. Generalmente, ¿en qué ocasiones se sirve el champaña?
3. Si toma Ud. mucho champaña, ¿qué le pasa a Ud.?
4. ¿Qué otras bebidas se sirven en una boda?
5. ¿Hay un centro vasco en esta ciudad?
6. ¿Cómo se hace la paella?
7. ¿De dónde es la paella?
8. ¿Ha comido Ud. paella alguna vez?

9. ¿Qué otras cosas de comer se sirven en una boda?

10. ¿Qué clase de música tocan en los banquetes de bodas?

11. ¿Es buena la idea de sacar fotos en una boda?

12. ¿Debe una mujer ser casera?

13. ¿Dónde se celebran generalmente los banquetes de boda?

14. En nuestros días, ¿se casa la gente por amor o por interés?

15. ¿Se casaría Ud. por interés?

Vocabulario

aceptar—to accept
la bebida—drink
¡ca—come on!
el cabaret—night club
casero, -a—home-loving
consolar (ue)—to console
el champaña—champagne
emborracharse—to get drunk
la foto—photo
la fotografía—photograph
el fotográfo—photographer
grosero, -a—rude

hispanoamericano, -a—Spanish American
la idea—idea
el lado—side
latino, -a—Latin
opinar—to think
el pretexto—excuse
el sofá—sofa
sufrir—to suffer
tardarse—to delay
vasco, -a—Basque

Modismo

sacar fotos—to take pictures

ACTIVIDAD

Con esta lección la historia de Federico Guerra, Carola Dado, Rosita Alvírez y Antonio Ordiales parece haber llegado a un desenlace que, aunque no sea del agrado de algunos, es efecto de los rasgos y circunstancias humanas que hemos querido dar a estos personajes. Pero éste es también el principio de otras historias. Cada uno de los alumnos preparará otro final que le guste más. Otros alumnos van a preparar una posible continuación de esta misma historia, ya sea de Federico y Carola o de Rosita con Antonio Ordiales. Estas historias van a presentarse a la clase en forma oral. ¡Buena suerte!

Vocabulario

el agrado—liking
la circunstancia—circumstance
el desenlace—outcome

humano, -a—human
el rasgo—trait

Vocabulario General

A

a—a, an
a veces—at times
abajo—below
abandonado, -a—abandoned, forsaken
abandonar—to abandon
[el] **abono**—installment payment
[en] **abonos**—on credit
abrazar—to hug, embrace
[el] **abrigo**—overcoat
abril—April
abrir—to open
absurdo, -a—absurd
absolutamente—absolutely
[el] **abuelo**—grandfather
[la] **abuela**—grandmother
aburrido, -a—bored, boring
aburrirse—to get or become bored
abusar—to abuse, take advantage
[el] **abuso**—abuse, injustice
acabar de *[+ inf.]*—to have just
[la] **acción**—action
aceptar—to accept
acerca de—about, concerning
acercarse—to approach
acompañar—to accompany
aconsejar—to advise
acordarse *[ue]*—to remember, to recall
acostarse *[ue]*—to go to bed
[el] **acto**—act
[el] **actor**—actor
[la] **actriz**—actress
Acuario—Aquarius
[de] **acuerdo**—in agreement *[with]*
adelantar—to move ahead, progress
además—besides
adentro—inside
adiós—goodbye

[la] **adivina**—fortuneteller
adivinar—to guess
adivinar la suerte—to tell one's fortune
[la] **admiración**—admiration
adorar—to adore
adornado, -a— decorated
[el] **aeropuerto**—airport
afeitar—to shave
afeitarse—to shave oneself
afirmar—to affirm
afirmativamente—affirmatively
[el] **Africa**—Africa
[el] **agente**—agent
agosto—August
agradable—pleasant
agradecer—to appreciate, to thank
[el] **agrado**—liking
[el] **agua**—water
ahí—there *[nearby]*
ahora—now
[los] **ahorros**—savings
[el] **ajuar de novia**—trousseau
al *[+ inf.]*—upon *[doing something]*
al *[a + el]*—to the
[la] **alameda**—park
[la] **alcancía**—money box
[la] **alcoba**—bedroom
alcoba matrimonial—master bedroom
alegrarse *[de]*—to be glad
alemán, -ana *[el alemán]*—German
algo—something, anything
algodón de azúcar—cotton candy
alguien—someone
alguno, -a *[algún]*—some *[one]*
allá—*[over]* there
allí—over there, yonder
[el] **alma**—soul

[el] **almacén**—department store
almorzar *[ue]*—to eat lunch
[el] **almuerzo**—lunch
[tomar el] **almuerzo**—to eat lunch
aló—hello
alrededor—around
alto, -a—tall, high
alumbrado, -a—lit, lighted
[el] **alumno** *[la alumna]*—student
amable—nice, kind, amiable
[la] **amada**—beloved
[el] **amante**—lover
amar—to love
amarillento, -a—yellowish
amarillo, -a—yellow
amén—amen
a menudo—often
americano, -a—American
América—America
[la] **América del Sur**—South America
[el] **amigo** *[la amiga]*—friend
[el] **amor**—love
Ana—Ann
andar—to walk; to run, function
angosto, -a—narrow
[el] **animal**—animal
anoche—last night
[los] **antepasados**—ancestors
anterior—previous, earlier
antes de *[que]*—before
anticuado, -a—old-fashioned
[la] **antorcha**—torch
anunciado, -a—announced
[el] **anuncio**—ad
[el] **año**—year
tener ____ **años**—to be ____ years
aparecer—to appear
[el] **apartamento**—apartment
apenas—hardly
apiadarse—to have pity
apoderarse—to take possession of, seize
a propósito—by the way
aquel, -la—that
aquellos, -as—those *[over there]*

aquí—here
[el] **árbol**—tree
[el] **Arca de Noé**—Noah's Ark
[el] **argumento**—plot
[el] **armario**—wardrobe
arreglado, -a—settled, arranged
arrestar—to arrest
arriba—above, up
[el] **arroz**—rice
arrugado, -a—wrinkled
[el] **arte**—art
[el] **artículo**—article, item
asado, -a—roasted
asegurar—to assure, assert
[el] **aseo**—grooming
asesinar—to murder
asesinada—murdered
[el] **asesinato**—murder
[el] **asesino**—murderer
así—thus, like that
asistir *[a]*—to attend
asolearse—to sunbathe
asomarse—to peek
[la] **aspirina**—aspirin
[la] **astrología**—astrology
astuto, -a—astute, clever, sly
[el] **atleta**—athlete
[la] **atención**—attention
    prestar atención—to listen
    con atención—carefully
atribuir—to attribute
aturdido, -a—drowsy, perplexed, bewildered
[el] **aumentativo**—augmentative
aun—even
aunque—although
ausente—absent
[el] **autobús**—bus
[el] **autor**—author
[la] **avenida**—avenue
[el] **avión**—airplane
¡ay!—oh!
ayer—yesterday
ayudar—to help, aid
[algodón de] **azúcar**—cotton candy
azul—blue

B

bailar—to dance
[el] baile—dance
bajo—under, below
bajo, -a—short, low
[la] banca—bench
bancario, -a—banking
[el] banco—bank
[el] banquete—banquet
bañar—to bathe
bañarse—to bathe oneself, take a bath
barato, -a—cheap, inexpensive
[la] barba—beard; chin
[la] barbaridad—outrage
[la] barbería—barbershop
[el] barril—barrel
[el] barrio—district
[la] base—base, basis
[el] básquetbol—basketball
bastante—rather, enough, sufficient
[la] bata—robe
[el] bebé—baby
beber—to drink
[la] bebida—drink
[el] béisbol—baseball
bello, -a—beautiful
besar—to kiss
[el] beso—kiss
bíblico, -a—biblical
bien—well
bienes raíces—real estate
[el] billete—ticket, bill
blanco, -a—white
[la] blusa—blouse
bobo, -a—dumb
[la] boca—mouth
[el] bocadillo—dainty sandwich
[la] boda—wedding
[la] bola—ball
[el] boleto—ticket
[el] bolso—purse, pocketbook
bonito, -a—pretty
[el] bosque—woods, forest

bostezar—to yawn
[el] botones—bellboy
[el] brazo—arm
brevemente—briefly
[el] brillante—diamond
[la] broma—joke, jest
[la] brújula—compass
bueno, -a—good
[la] buenaventura—fortune telling; good luck
[el] burro—donkey, ass
buscar—to look for, seek
[el] buzón—mailbox

C

¡ca!—come on
[el] caballo—horse
[el] cabaret—night club
[la] cabeza—head
[el] cabrito—kid, young goat
cada—each
caerse—to fall, drop
[el] café—cafe; coffee
[la] cafetería—cafeteria
[la] caja—box
[el] cajón—drawer
[el] cajero—cashier
[los] calcetines—socks
caliente—hot
[el] calor—warmth, heat
   tener calor—to be warm
   hacer calor—to be hot *[weather]*
callarse—to shut up
calmado, -a—quiet, calm
[la] calle—street
[la] cama—bed
cambiar—to change, exchange
[a] cambio—in exchange
caminar—to walk
[la] camisa—shirt
[el] camisón—nightgown
[el] campanario—belfry
[el] campo—country, field
[el] canal—channel
[la] canción—song

[el] **cantante**—singer
cantar—to sing
[la] **capital**—capital *[city]*
[el] **capítulo**—chapter
Capricornio—Capricorn
[la] **cara**—face
cardinal—cardinal
[la] **caridad**—charity
[la] **característica**—characteristic
[el] **cariño**—affection, fondness
[la] **carne**—meat
carne al horno—roast
[el] **carnero**—lamb
[el] **carnicero**—butcher
caro, -a—expensive
[el] **carrito**—cart
[la] **carta**—letter
[la] **cartera**—wallet, purse
[el] **cartero**—mailman
[la] **casa**—house, home
casado, -a—married
casarse—to get married
casero, -a—home-loving
[el] **caso**—case, matter
        en caso *[de]* **que**—in case that
¡cáspita!—oh dear!
[el] **castillo**—castle
[el] **catedrático**—egghead
catorce—fourteen
cazar—to hunt
[la] **cebra**—zebra
celebrar—to celebrate
[los] **celos**—jealousy
        tener celos—to be jealous
celoso, -a—jealous
[la] **cena**—dinner, supper
[el] **cemento**—cement
[el] **centímetro**—centimeter
[el] **centro**—downtown, center
[el] **cepillo**—brush
cerca de—near
[la] **cerilla**—match
cerrar *[ie]*—to close, shut
certificado, -a—registered, certified

[la] **cerveza**—beer
cien, ciento—one hundred
cierto, -a—certain
    por cierto—in fact
[el] **cielo**—sky
[la] **cima**—top, summit
cinco—five
[el] **cine**—movie *[house]*
cincuenta—fifty
[la] **cinta**—tape, film, ribbon
cinta de medir—measuring tape
[la] **cintura**—waist
circular—circular
[la] **circunstancia**—circumstance
[la] **cita**—appointment, date
[la] **ciudad**—city
civil—civil
¡claro!—of course!
[la] **clase**—class
[el] **cliente**—client
cobrar—to charge, collect
[el] **coche**—car
cocido, -a—boiled
[la] **cocina**—kitchen
[el] **coctel**—cocktail
colocar—to put, place
Colón—Columbus
colonial—colonial
[el] **color**—color
color de rosa—pink
[el] **comedor**—dining room
[el] **comentario**—comment
comenzar *[ie]*—to begin, start
comer—to eat
cometer—to commit
[la] **comida**—meal
como—like, as
¿Cómo?—How? What?
cómodo, -a—comfortable
[el] **compañero, -a**—companion
[la] **compañía**—company
[la] **comparación**—comparison
comparativo, -a—comparative

compartir—to share
[al] compás de—in time to
[el] complemento—object
completar—to complete
completo, -a—complete, entire
complicado, -a—complicated, complex
comprar—to buy
confundir—to confuse
[de] compras—shopping
comprender—to understand
comprensivo, -a—understanding
[la] computadora—computer
común—common
[la] comunidad—community
comunista—communist
con—with
con tal que—provided that
con vista a—with a view towards
congelado, -a—frozen
[la] conjetura—conjecture
[la] conjunción—conjunction
[el] conjunto—outfit
conmigo—with me
conocer—to know, be acquainted or familiar
    with
[la] conquista—conquest
[el] conquistador—conqueror
[el] consejo—advice
consentir *[ie]*—to indulge, pamper
considerar—to consider
consolar *[ue]*—to console
consolarse—to console oneself
[la] construcción—construction
construir—to construct, build
consultar—to consult
[el] consultorio—doctor's office
contar *[ue]*—to relate, recount, tell
contento, -a—content, pleased
[la] contestación—answer
contestar—to answer
contigo—with you *[fam.]*
[a] continuación—following
contra—against
[el] control—control

convencer—to convince
convenir—to be convenient
[la] conversación—conversation
[la] copa—goblet, drink
[el] corazón—heart
[la] corbata—tie
[el] correo—mail, post office
correr—to run; to flow
[la] correspondencia—correspondence
corresponder—to correspond; reciprocate,
    return
correspondiente—corresponding
cortar—to cut
[el] corte—cut
corto, -a—short
[la] cosa—thing
[las] cosquillas—tickling
    hacerle cosquillas *[a uno]*—to tickle
    [someone]
    tener cosquillas—to be ticklish
costar *[ue]*—to cost
[la] costilla—chop, rib
[el] crédito—credit
    tarjeta de crédito—charge card
creer—to believe
la criatura—child, infant
[el] crimen—crime
[el] cristal—crystal
Cristóbal—Christopher
cruel—cruel
[la] crueldad—cruelty
cruzar—to cross
[la] cuadra—block
¿Cuál?—which *[one]*? what?
[la] cualidad—quality
cualquier, -a—whichever, any
cuando—when
[en] cuanto—in fact; incidentally
cuenta corriente—checking account
¿Cuánto, -a—how much? how many?
[en] cuanto—as soon as
cuarenta—forty
cuarto, -a—fourth

[el] **cuarto**—room, quarter
cuarto sencillo—single room
cuarto doble—double room
cuatro—four
cuatrocientos, -as—four hundred
cubierto, -a *[de]*—covered *[with]*
cubrir—to cover
[el] **cuello**—neck; collar
[la] **cuenta**—bill, check, account
cuenta corriente—checking account
[no tenga] **cuidado**—do not worry
[tener] **cuidado**—to be careful
[tener la] **culpa**—to be to blame
[el] **culpable**—guilty *[one]*
[la] **cultura**—culture
[la] **cumbre**—top, summit
[el] **cumpleaños**—birthday
cumplir—to fulfill
[la] **cursilería**—corniness
[el] **curso**—course, class

CH

[la] **chaqueta**—jacket
[el] **champaña**—champagne
charlar—to chat
[el] **cheque**—check
[la] **chequera**—checkbook
chico, -a—small
[el] **chicharrón**—crackling
chino, -a—Chinese
[el] **chisme**—gossip
[la] **chispa**—spark
chistoso, -a—funny, witty
[el] **chocolate**—chocolate
[el] **chorizo**—sausage

D

[la] **dama**—maid of honor
dar—to give
dar de comer—to feed
dar un paseo—to take a walk
darle guerra *[a uno]*—to cause trouble
darse cuenta *[de]*—to realize

darse prisa—to hasten, hurry
de—of, from, about
de momento—right now, for the time being
de todos modos—anyway, at any rate
de veras—really
debajo de—under, below
deber—ought to, should
decidir—to decide
décimo, -a—tenth
decir—to say, tell
[la] **decisión**—decision
declararse—to declare oneself
[el] **dedo**—finger
dejar—to leave *[behind];* let
del = de + el—of the
delgado, -a—thin, slender
demasiado—too, too much
[el] **dentista**—dentist
depositar—to deposit
[el] **depósito**—deposit
[la] **derecha**—right, right side
derecho, -a—straight *[ahead]*
desaparecer—to disappear
[el] **desayunador**—breakfast room
desayunarse—to eat breakfast
[el] **desayuno**—breakfast
desayuno continental—continental breakfast
desayuno americano—American breakfast
descansar—to rest
[el] **descanso**—rest
[el] **desconocido**—stranger
descontar *[ue]*—to discount
descubrir—to discover
descuidado, -a—unkept, untidy; careless
desde—from, since
desear—to desire, wish, want
[el] **desenlace**—outcome
[el] **deseo**—wish, desire
   tener deseos de—to feel like
[el] **despertador**—alarm clock
   poner el despertador—to set the *[alarm]*
  clock
despertarse *[ie]*—to wake up

después—afterward, later
después de—after
[el] **destinatario**—addressee
[el] **destino**—fate
desvelarse—to stay awake
[la] **desvergüenza**—impudence
devolver *[ue]*—to return, to give back
[el] **día**—day
    buenos días—good morning
    todos los días—every day
[el] **diálogo**—dialogue
diariamente—daily
diciembre—December
diecinueve—nineteen
dieciocho—eighteen
dieciséis—sixteen
diecisiete—seventeen
[el] **diente**—tooth
diez—ten
[la] **diferencia**—difference
diferente—different
[el] **diluvio**—flood
[el] **diminutivo**—diminutive
Dios—God
¡Dios mío!—for heaven's sake!
[la] **dirección**—address, direction
[el] **dinero**—money
directo, -a—direct
[el] **disco**—record
disculpar—to excuse
[la] **discusión**—discussion
discutir—to discuss
diverso, -a—varied
divertido, -a—funny, amusing
divertirse *[ie]*—to enjoy oneself, to have a good time
doblar—to turn, double, crease
doce—twelve
[el] **doctor**—doctor
[el] **documental**—documentary
[el] **dólar**—dollar
doler *[ue]*—to hurt, ache
dominante—bossy, dominant
[el] **domingo**—Sunday

don—Mr. *[title of respect used with first name]*
donde—where
    De dónde?—from where?
    A dónde?—to where?
dormir *[ue, u]*—to sleep
dormirse—to go to sleep, to fall asleep
dos—two
doscientos, -as—two hundred
dramático, -a—dramatic
dudar—to doubt
[el] **dueño**—owner, landlord
durante—during
durar—to last

E

echar—to throw; throw out, throw away
echar a perder—to ruin, spoil
echar cartas *[al buzón]*—to mail letters
echar las cartas—to read one's fortune with cards
[la] **edad**—age
[el] **edificio**—building
efectivo, -a—effective, real
    dinero en efectivo—cash
efectuar—to effect, carry out
efusivamente—warmly
Egipto—Egypt
[el] **ejercicio**—exercise
[el] **ejército**—army
el—the
él—he
eléctrico, -a—electric
[el] **elefante**—elephant
elegante—elegant
ella—she
ellos, -as—they
emborracharse—to get drunk
[la] **emoción**—thrill, excitement
emocionado, -a—touched, full of emotion
emocionarse—to be thrilled, moved
[el] **emparedado**—sandwich
empezar *[ie]*—to begin

[el] **empleado, -a**—employee
[el] **empleo**—job
en—in, on, at
enamorarse *[de]*—to fall in love *[with]*
encantar—to charm
encendido, -a—lighted
encontrar *[ue]*—to meet, find, encounter
enero—January
enfermo, -a—sick
enfrente de—in front of
enfurecido, -a—infuriated, enraged
enojado, -a—angry
enojarse—to get angry
enrollar, -se—to roll, wrap
[la] **ensalada**—salad
enseñar—to show; to teach
entender *[ie]*—to understand
enterarse—to find out
entonces—then, so
entero, -a—whole
[la] **entrada**—entrance
entre—between, among
entre sí—to each other, among themselves
entrega inmediata—special delivery
entrar—to enter
entregar—to hand over, give, deliver
enviar—to send
[la] **envidia**—envy
[el] **episodio**—episode
[la] **época**—epoch
[el] **equipaje**—luggage
[el] **equipo**—team
[el] **error**—error
[el] **escaparate**—show window
[la] **escena**—scene
[el] **escenario**—scenery, setting
escoger—to choose
esconderse—to hide *[oneself]*
Escorpión—Scorpio
escotado, -a—plunging *[neckline]*
escribir—to write
[el] **escritor**— writer
[el] **escritorio**—desk
escuchar—to listen
[la] **escuela**—school

ese, -a—that
esos, -as—those
[el] **esfuerzo**—effort
[el] **espacio**—space
[el] **espanto**—terror, fright
España—Spain
español, -a *[el español]*—Spanish
especial—special
especialmente—especially
específico, -a—specific
esperar—to wait *[for]*; to hope
[la] **espina**—thorn, splinter
[la] **esposa**—wife
[el] **esposo**—husband
[la] **esquina**—corner *[of a street]*
establecido, -a—settled
[la] **estación**—season
[los] **Estados Unidos**—United States
[la] **estampilla**—stamp
[la] **estancia**—stay
[el] **estante**—shelf
estar—to be
estar de luto—to be in mourning
estar de moda—to be in style
estar de visita—to be visiting
estar de vuelta—to be back
estar listo, -a—to be ready
[el] **este**—east
este, -a—this
estos, -as—these
[la] **estrella**—star
[la] **estructura**—structure
[el] **estudiante** *[la estudiante]*—student
estudiar—to study
[el] **estudio**—study
estupendo, -a—wonderful, stupendous
Eva—Eve
Europa—Europe
exactamente—exactly
exagerado, -a—exaggerated
[el] **examen**—exam, test
exasperado, -a—exasperated
excelente—excellent
excepto—except

[el] **exceso**—excess
exclamar—to exclaim
[la] **excusa**—excuse
existir—to exist
[el] **éxito**—success
[la] **explicación**—explanation
explicar—to explain
[la] **expresión**—expression
extraer—to extract, pull out
[la] **experiencia**—experience
extraño, -a—strange, foreign

F

fácil—easy
[la] **falda**—skirt
faltar—to lack
[la] **familia**—family
famoso, -a—famous
[el] **fantasma**—ghost
fantástico, -a—fantastic
[el] **favor**—favor
[por] **favor**—please
favorito, -a,—favorite
febrero—February
[la] **fecha**—date
[la] **felicidad**—happiness
feliz—happy, glad
feo—homely, ugly
feroz—ferocious, fierce
fiero, -a—fierce, wild
[la] **fiesta**—party, fiesta
[la] **figura**—figure, picture
[la] **fila**—row
[la] **filosofiá**—philosophy
por fin—finally
[el] **final**—end
finalmente—finally
fingir—to pretend
fino, -a—nice, fine
firmar—to sign
[la] **flor**—flower
[el] **folleto**—pamphlet
[el] **fondo**—slip

[la] **forma**—form
formal—dependable
[el] **formulario**—form
[la] **foto**—photograph
[la] **fotografía**—photograph
[el] **fotógrafo**—photographer
francés, -esa; *[el francés]*—French
Francia *[France]*
[la] **frase**—sentence, phrase
[la] **fraternidad**—fraternity, brotherhood
[la] **frecuencia**—frequency
[con] **frecuencia**—frequently
frecuente—frequent
frente a—before, in front of
[el] **fresco**—coolness, freshness
  hacer fresco—to be cool
[el] **frío**—cold
  tener frío—to be cold
  hacer frío—to be cold *[weather]*
[la] **frontera**—border
[la] **fruta**—fruit
fuerte—strong
fumar—to smoke
[el] **funeral**—funeral
furioso, -a—furious
[el] **fútbol**—football, soccer
[el] **futuro**—future

G

[las] **gafas**—eyeglasses
[las] **gafas de sol**—sunglasses
[el] **galón**—gallon
ganar—to win, earn
[el] **garaje**—garage
gastar—to spend money
[el] **gasto**—expense
[el] **gato**—cat
[la] **gaviota**—sea gull
gemelo, -a—twin
Geminis—Gemini
gemir *[i,i]*—to moan, groan
general—general

generalmente—generally
[el] **genio**—genius
[la] **gente**—people
[el] **gerente**—manager
girar—to twirl, turn
[el] **globo**—balloon
[el] **gol**—goal
gordo, -a—fat
[la] **gorra**—cap
gozar—to enjoy
[la] **gracia**—witticism, joke
gracias—thank you
graciosa, -a—entertaining, funny
grande—big, large
gratis—free
gritar—to shout, yell
grosero, -a—rude
[el] **grupo**—group
guapo—handsome
guardar—to keep
[el] **guardarropa**—wardrobe
guau, guau—bowwow
[la] **guerra**—war
[el] **guía**—guide
[el] **guía de turismo**—tourist guide
[la] **guía**—guide, guidance
gustar—to be pleasing, to like
[el] **gusto**—pleasure

H

haber—to have [aux. verb]
[la] **habitación**—room
[el] **habitante**—inhabitant
hablar—to speak
  mal hablado—foul-mouthed
hacer—to do, make
  hacer calor—to be hot
  hacer frío—to be cold
  hacer fresco—to be cool
  hacer sol—to be sunny
  hacer viento—to be windy
  hacer un viaje—to take a trip
  hacerle cosquillas *[a uno]*—to tickle

hacer el papel—to play the role
hace *[un año]*—a year ago
hacer una pregunta *[a uno]*—to ask a
  question
¡hala!—come on! hurry up!
hacia—toward
[el] **hambre**—hunger
    tener hambre—to be hungry
[la] **hamburguesa**—hamburger
hasta—until
hasta la vista—until later
hay—there is, there are
    no hay de qué—you are welcome
hecho—done, made
[el] **helado**—ice cream
heredar—to inherit
heredero, -a—heir, heiress
[la] **herencia**—inheritance
[la] **hermana**—sister
[el] **hermano**—brother
hermoso, -a—beautiful
[el] **héroe**—hero
[la] **heroína**—heroine
[el] **hielo**—ice
[el] **hígado**—liver
[la] **hija**—daughter
[el] **hijo**—son, child
Hispanoamérica—Spanish America
hispanoamericano, -a—Spanish American
[la] **historia**—history, story
hola—hello, hi
[el] **hombre**—man
[la] **hora**—hour
  a qué hora?—at what time?
[el] **horario**—schedule
[al] **horno**—baked, roasted
[el] **horno**—oven
[el] **horóscopo**—horoscope
[el] **hospital**—hospital
[el] **hotel**—hotel
hoy—today
hoy en día—nowadays
hoy mismo—this very day

[el] **huérfano**—orphan
[el] **huésped**—guest, lodger
[el] **huevo**—egg
  -con jamón—with ham
  -con tocino—with bacon
  -estrellado—fried
  -revuelto—scrambled
  -tibio—soft-boiled
huir—to flee
humano, -a—human
[la] **humorada**—witticism, witty remark

I

[la] **idea**—idea
ideal—ideal
[la] **iglesia**—church
ignorar—to be ignorant of
igual—equal, same
[la] **igualdad**—equality
imaginarse—to imagine
importante—important
importar—to be important, to matter
imposible—impossible
imprudente—imprudent
[el] **incidente**—incident
incluir—include
inculto, -a—ignorant
[la] **independencia**—independence
indio, -a—Indian
indirecto, -a—indirect
[la] **información**—information
informar—to inform
Inglaterra—England
  inglés, -a *[el inglés]*—English
inmediato, -a—immediate
  entrega inmediata—special delivery
  de inmediato—immediately
inocente—innocent, naive
insistir *[en]*—to insist on
[la] **instrucción**—instruction
insultar—to insult
intelectual—intellectual
inteligente—intelligent
[la] **intención**—intention

intentar—to try
[el] **interés**—interest
      tasa de interés—interest rate
interesante—interesting
interesar—to interest
interrumpir—interrupt
íntimo, -a—intimate
inventar—to invent
[la] **investigación**—investigation
[el] **invierno**—winter
[la] **invitación**—invitation
[el] **invitado**—guest
invitar—to invite
[la] **inyección**—injection
ir—to go
  ir a + inf.—to be going to
  vamos a—let's
  ¡Vaya!—go on!
  ir de compras—to go shopping
irregular—irregular
irresponsable—irresponsible
Isabel—Isabella, Elizabeth, Betty
irse—to go away, leave
izquierdo, -a—left, left-side

J

[el] **jamón**—ham
[el] **jardín**—garden
[la] **jaula**—cage
[la] **jirafa**—giraffe
joven—young
[la] **joyita**—jewelry, small jewel
[el] **juego**—game
[el] **jueves**—Thursday
jugar *[ue]*—to play
[el] **jugo**—juice
julio—July
junio—June
[la] **junta**—meeting
junto—near, next to
juntos, -as—together
justo, -a—just

L

la—the; her, it
[el] **lado**—side
ladrar—to bark
[la] **lágrima**—tear
[la] **lana**—wool
largo, -a—long
[la] **lástima**—pity
las—the; them
latino, -a—Latin
lavarse—to wash [oneself]
le—*[to]* him, her, it, you
[la] **lección**—lesson
[la] **leche**—milk
[la] **lechuza**—owl
[la] **lectura**—reading
leer—to read
[la] **legumbre**—vegetable
lejos—far
[la] **lengua**—tongue, language
  las malas lenguas—gossips
[la] **lentejuela**—sequin
lento, -a—slow
levantarse—to get up, rise
[el] **león**—lion
les—*[to]* them, you
[la] **leyenda**—legend
[la] **libertad**—liberty
libre—free, unoccupied
[el] **libro**—book
limpiar—to clean
lindo, -a—pretty, nice, fine
[el] **lío**—mix-up, mess
[la] **lista**—list
listo, -a—ready, prepared
[el] **listón**—ribbon
lo—you, him, it
lo *[importante]*—the *[important]* thing or part
lo que—what, that which
local—local
loco, -a—crazy, mad
[el] **loro**—parrot

los—them, you
[la] **lucha**—struggle
luego—then, later
  hasta luego—until then, later
[el] **lugar**—place, spot
Luis—Louis
[la] **lumbre**—fire
[la] **luna**—moon
la luna de miel—honeymoon
[el] **lunes**—Monday
[el] **luto**—mourning
    estar de luto—to be in mourning
[la] **luz**—light

LL

llamar—to call
llamarse—to be named
[la] **llave**—key
llegar—to arrive
llenar—to fill
lleno, -a—full
llevar—to take, carry; wear
llorar—to cry
llover *[ue]*—to rain
[La] **LLorona**—The Weeper

M

[la] **madera**—wood
[la] **madre**—mother
magnífico, -a—magnificent
[el] **mago**—magician
[las palomitas de] **maíz**—popcorn
mal *[malo, -a]*—bad, poorly
mal hablado—foul-mouthed
[las] **malas lenguas**—gossips
[la] **maleta**—suitcase
[la] **mamá**—mama, mom
Mancha—Spot
mandar—to send
[el] **mandato**—command
manifestar—to manifest, exhibit
[la] **manera**—manner, way

[la] **mano**—hand
[la] **manzana**—apple
mañana—tomorrow
    pasado mañana—day after tomorrow
[la] **mañana**—morning
[el] **mapa**—map
[el] **mar**—sea
maravilloso, -a—marvelous
[la] **marca**—mark
Marco Antonio—Mark Anthony
[la] **margarita**—tequila cocktail; daisy
[los] **mariscos**—shellfish
[el] **martes**—Tuesday
marzo—March
más—more, most
matar—to kill
[el] **mate**—mate *[tea-type drink]*
[el, la] **materialista**—materialist
[el] **matrimonio**—marriage
mayo—May
mayor—older, oldest
me—*[to]* me
[la] **medianoche**—midnight
[las] **medias**—stockings, hose
[la] **medicina**—medicine
medio, -a—half
[por] **medio de**—by means of
[el] **mediodía**—noon
medir—to measure
    cinta de medir—measuring tape
mejor—better, best
[el] **melocotón**—peach
memorizar—to memorize
mencionado, -a—mentioned
menor—younger, youngest
menos—less
    a menos *[de]* **que**—unless
[el] **mensaje**—message
[la] **mentira**—lie, untruth
[a] **menudo**—often
[la] **mercancía**—merchandise
[la] **merienda**—light snack
[el] **mes**—month
[la] **mesa**—table

[el] **mesero**—waiter
[el] **metal**—metal
[el] **metro**—meter
mexicano, -a—Mexican
mí—me
mi, mis—my
[el] **miedo**—fear
    tener miedo—to be afraid
[la] **miel**—honey
    la luna de miel—honeymoon
mil—thousand
[un] **millón**—one million
[el] **millonario**—millionaire
[el] **minuto**—minute
mío, -a—mine
mirar—to look at
mismo, -a—same
    hoy mismo—this very day
[el] **misterio**—mystery
misterioso, -a—mysterious
[el] **modelo**—model, style
moderno, -a—modern
[de todos] **modos**—anyway
molestar—to bother
molesto, -a—annoyed, bothered
[el] **momento**—moment
[de] **momento**—right now, for the time being
[el] **mono**—monkey, cute
[el] **monosílabo**—monosyllable
[el] **monstruo**—monster
[la] **montaña**—mountain
morder *[ue]*, **morderse**—to bite
morir *[ue]*, **morirse**—to die
[la] **mosca**—fly
mostrar *[ue]*—to show
[la] **motocicleta**—motorcycle
[buen] **mozo**—handsome young man
movido, -a—lively
[la] **muchacha**—girl
[el] **muchacho**—boy
mucho—much, a lot, a great deal
mucho, -a—many

[la] **muela**—tooth
[el] **muerto**—dead person
[la] **mujer**—woman
mundial—worldwide
[el] **mundo**—world
[la] **música**—music
muy—very

N

nacer—to be born
nada—nothing
[de] **nada**—you are welcome
nadie—no one, nobody
[los] **naipes**—playing cards
[la] **naranja**—orange
[la] **nariz**—nose
narrar—to narrate
[la] **narración**—narration
narrado, -a—narrated
narrativo, -a—narrative
natural—natural
[la] **naturaleza**—nature
         la Madre Naturaleza—Mother
         Nature
naturalmente—naturally
[el] **neblumo**—smog
necesario, -a—necessary
[la] **necesidad**—necessity
necesitar—to need
negar *[ie]*—to deny, refuse
negativamente—negatively
[el] **negativo**—negative
[el] **negocio**—business
negro, -a—black
nervioso, -a—nervous
neurótico, -a—neurotic
ni—neither, nor
ninguno, -a; ningún—not anyone, not one of
[la] **niñez**—childhood
[el] **niño**—child
no—no, not
[la] **noche**—night
         buenas noches—good night

[el] **nombre**—noun
[el] **norte**—north
norteamericano, -a—North American
nos—*[to]* us
nosotros—we
nostalgia—nostalgia
[la] **nota**—note, mark, grade
[las] **noticias**—news
novecientos, -as—nine hundred
[la] **novela**—novel
noveno, -a—ninth
noventa—ninety
[el] **noviazgo**—engagement
noviembre—November
[la] **novia**—girlfriend, bride
[el] **novio**—boyfriend, sweetheart,
         bridegroom
nuestro, -a—our
Nueva York—New York
nueve—nine
nuevo, -a—new
[el] **número**—number
nunca—never

O

o—or
[la] **obra**—work
observar—to observe, watch
obvio, -a—obvious
[la] **ocasión**—occasion
ochenta—eighty
ocho—eight
ochocientos, -as—eight hundred
octavo, -a—eighth
octubre—October
ocultar—to hide
ocupado, -a—busy, occupied
ocurrir—to occur, happen
[el] **oeste**—west
[la] **oficina**—office
ofrecer—to offer
oír—to hear

ojalá—I hope that, would that
[el] **ojo**—eye
olvidar—to forget
once—eleven
[la] **ópera**—opera
[la] **operación**—operation
opinar—to think
[la] **opinion**—opinion
[la] **oportunidad**—opportunity
oprimido, -a—oppressed
[la] **oración**—sentence
oralmente—orally
[la] **orden**—order, command
ordinario, -a—regular, ordinary
[el] **orgullo**—pride
original—original
[el] **oro**—gold
os—*[to]* you *[fam. pl.]*,
        [to] yourselves
oscuro, -a—dark
Otelo—Othello
[el] **otoño**—autumn, fall
otro, -a—other, another
[la] **oveja**—sheep

P

[el] **paciente**—patient
[el] **padre**—father
[los] **padres**—parents
pagar—to pay
[la] **página**—page
[el] **país**—country *[nation]*
[el] **pájaro**—bird
        palidecer—to turn pale, to pale
pálido, -a—pale
[la] **palmera**—palm tree
[la] **paloma**—pigeon
paloma mensajera—carrier pigeon
[las] **palomitas de maíz**—popcorn
[el] **pan**—bread
[los] **pantalones**—pants, trousers
[el] **pañuelo**—handkerchief
[el] **papá**—papa, dad
[la] **papa**—potato

[el] **papel**—paper
[el] **paquete**—package
[el] **par**—pair
para—for, to, in order to
[el] **parador**—inn, hostelry, motel
pararse—to stop
parecer—to appear, seem
[la] **pared**—wall
[la] **pareja**—couple
[el] **parque**—park
[la] **parte**—part, portion
[el] **partido**—game, match
pasado, -a—past
    pasado mañana—day after tomorrow
    el sábado pasado—last Saturday
    la semana pasada—last week
[el] **pasaje**—passage, selection
[el] **pasaporte**—passport
pasar—to happen, occur; to pass, spend
    [time]
[el] **pasillo**—corridor, passageway
[el] **pastel**—pie, cake
[el] **pastor**—shepherd
[la] **pastora**—shepherdess
[la] **pata**—paw, foot
[la] **patada**—stamp the foot down
[la] **patata**—potato
patear—to stomp
[los] **patines**—skates
[el] **patio**—patio
[el] **payaso**—clown
[la] **paz**—peace
pedir *[i, i]*—to ask *[for]*
pedir permiso para—to ask permission for
pedir prestado, -a—to borrow
Pedro—Peter
peinar—to comb, groom
pelear—to fight
[la] **película**—film, movie
[el] **peligro**—danger, peril
[el] **pelo**—hair
[la] **pena**—pain, hardship, sorrow
pensar *[ie]*—to think
pensar en—to think about
peor—worse, worst

[la] **pera**—pear
[la] **percha**—clothes rack
[el] **perchero**—clothes hanger
perder *[ie]*—to lose
   echar a perder—to ruin, spoil
perderse—to get lost
perdonar—to pardon, excuse
[la] **pereza**—laziness
perfecto—perfect
perfumado, -a—perfumed
[el] **periódico**—newspaper
permitir—to permit
[con] **permiso**—excuse me
pero—but
[el] **perrito**—puppy
[el] **perro**—dog
[la] **persona**—person
[el] **personaje**—character, personage
personal—personal
pesado, -a—heavy
[a] **pesar de**—in spite of
[el] **pescado**—fish
[la] **peseta**—monetary unit of Spain
[el] **peso**—Mexican monetary unit
[el] **piano**—piano
[el] **pie**—foot
pintar—to paint
pintarse—to polish, paint
[el] **pintor**—painter
[la] **piscina**—swimming pool
Piscis—Pisces
[el] **piso**—floor, story
[la] **pista**—clue
[el] **placer**—pleasure
[el] **plástico**—plastic
plástico, -a—plastic
[la] **plata**—silver
platicar—to converse, chat, talk
[la] **playa**—beach
[el] **plural**—plural
[el] **pluscuamperfecto**—pluperfect
pobre—poor
poco, -a—little, a few
[un] **poco**—a little

poder—to be able, can
   puede que sí—perhaps
poderoso, -a—powerful
[el] **poema**—poem
[el] **poeta**—poet
[el] **policía**—policeman
[la] **policía**—police force
policíaco, -a—of the police
[la] **política**—politics
[el] **político, -a**—politician
[el] **pollo**—chicken
[el] **poncho**—poncho, cape
poner—to put
poner el despertador—to set the alarm
ponerse—to put on
por—for, along, by, during
por aéreo—air mail
por favor—please
por medio de—by means of, via
¿Por qué?—Why?
por supuesto—of course
porque—because
posible—possible
portarse—to behave, conduct
oneself
posiblemente—possibly
[el] **precio**—price
precioso, -a—precious, dear
preciso—necessary
predecir—to predict
[la] **predicción**—prediction, forecast
preferir *[ie]*—to prefer
[la] **pregunta**—question
preguntar—to ask *[a question]*
preocupado, -a—worried
preocuparse—to worry
preparar—to prepare
prepararse—to prepare oneself
presentar—to present, introduce
presentarse—to appear, show up, present
oneself
[el] **presidente**—president
prestar—to lend, loan

prestar atención—pay attention
[el] **pretexto**—excuse
[el] **pretérito**—preterite
[la] **primavera**—spring
primero, -a—first
    la primera fila—the first row
[la] **prima**—cousin
[el] **primo**—cousin
[la] **princessa**—princess
principal—principal
[el] **príncipe**—prince
[el] **principio**—beginning
[la] **probabilidad**—probability
probar—to taste
probarse—to try on
[el] **problema**—problem
[la] **procedencia**—origin, source
[el] **profesor** *[la profesora]*—teacher,
    professor
profundamente—deeply
[el] **programa**—program
[el] **prometido, -a**—fiance, fiancee
prominente—conspicuous
[el] **pronombre**—pronoun
pronto—soon, quickly
    tan pronto como—as soon as
pronunciar—to pronounce
[la] **propina**—tip
propio, -a—one's own
proteger—to protect
[el] **psiquiatra**—psychiatrist
[el] **público**—public
[la] **puerta**—door
pues—well, so
[la] **punta**—point, tip
[el] **punto**—point
    los cuatro puntos cardinales—four
    cardinal points
[en] **punto**—on the dot

Q

que—that, which, who, whom
¿Qué?—What?
¡Qué!—What a . . . !

quedar—to be left, remain
quedar bien—to try to impress
quedarse—to stay behind, remain
quejarse—to complain
querer—to want; to love
¿Quién?—Who?
quince—fifteen
quinientos, as—five hundred
quinto, -a—fifth
quitar—to take away
quizás—perhaps, maybe

R

rápido, -a—fast
[el] **rasgo**—trait
[la] **rata**—rat
[el] **rato**—short while
[el] **ratón**—mouse
[la] **razón**—right, reason
    tener razón—to be right
razonable—reasonable
[la] **reacción**—reaction
realmente—really
rebajado, -a—reduced
[el] **recado**—message
[la] **recepcionista**—receptionist
[el] **recibo**—receipt
recientemente—recently
recordar [ue]—to remember, recall
reflexivo, -a—reflexive
[el] **refrán**—proverb
[el] **refresco**—refreshment, soft drink
regalar—to give a gift
[el] **regalo**—gift, present
[el] **registro**—register
regordete, -ta—plump
[la] **reina**—queen
reír—to laugh
[la] **relación**—relationship
religioso, -a—religious
relleno, -a—stuffed
[el] **reloj**—watch, clock
repetir *[i, i]*—to repeat

requerir *[ie]*—to require
resolver—to solve
respecto *[a]*—with respect *[to]*
respetar—to respect
[el] **respeto**—respect
respetuoso, -a—respectful
responder—to respond, answer
[el] **restaurante**—restaurant
[el] **resultado**—result, outcome
resultar—to result, turn out
[el] **retrato**—picture
[la] **revista**—magazine
[el] **rey**—king
rezar—to pray
rico, -a—rich
ridículo, -a—ridiculous
[la] **riqueza**—wealth, riches
[el] **rival**—rival
rodeado, -a—surrounded
rogar *[ue]*—to beg
rojo, -a—red
romántico, -a—romantic
romper—to break
[la] **ropa**—clothes, clothing
[color de] **rosa**—pink
rubio, -a—blond
rugir—to roar
[el] **ruido**—noise
ruso, -a—Russian

S

[el] **sábado**—Saturday
saber—to know, know how
sabio, -a—wise
sabroso, -a—tasty, delicious
sacar—to take out, remove
sacar fotos—to take pictures
sacudir—to shake
Sagitario—Sagittarius
[la] **sala**—living room
[el] **saldo**—balance
salir—to leave, go out
[el] **salón**—room, ballroom

[la] **salsa**—sauce; a type of dance
saludar—to greet, say hello to, salute
salvar—to save
[el] **santo**—saint
satisfecho, -a—satisfied
secar—to dry
[la] **secretaria**—secretary
[el] **secreto**—secret
[la] **sed**—thirst
      tener sed—to be thirsty
[la] **seda**—silk
[en] **seguida**—immediately
seguido—often
seguir *[i, i]*—to follow, continue
según—according to
segundo, -a—second
   segunda fila—second row
seguro, -a—sure
seguramente—surely
seis—six
seiscientos, -as—six hundred
seleccionar—to select
[el] **sello**—stamp
[la] **selva**—forest
[la] **semana**—week
[la] **semana que viene**—next week
[la] **semana pasada**—last week
semejante—similar, alike
[el] **semestre**—semester
[la] **sensación**—sensation
sentado, -a—seated
sentarse *[ie]*—to sit down
sentir *[ie, i]*—to feel, regret
sentir ganas de—to feel like
sentirse—to feel
señalar—to point out
[el] **señor**—Mr., mister
[la] **señora**—Mrs. ma'am
[los] **señores**—Mr. and Mrs.
[la] **señorita**—Miss
septiembre—September
séptimo, -a—seventh

ser—to be
serio, -a—serious
[el] servicio—service
servir [i, i]—to serve
sesenta—sixty
setecientos, -as—seven hundred
setenta—seventy
sexto, -a—sixth
sí—yes
si—if
siempre—always
[la] siesta—nap
siete—seven
[el] siglo—century
[el] significado—meaning
[el] signo—sign
[la] silla—chair
[el] símbolo—symbol
simpático, -a—charming, nice
simple—simple
simplemente—simply
sin—without
sin embargo—nevertheless
sincero, -a—sincere
sobre—on, about, concerning
sobregirarse—to overdraw
[la] sobrina—niece
[el] sobrino—nephew
[el] sofá—sofa
sofocado, -a—breathless
[el] sol—sun
      gafas de sol—sunglasses, dark glasses
solamente—only
solo, -a—alone
sólo—only
[la] solución—solution
[el] sombrero—hat
sonar [ue]—to ring, sound
sonreír—to smile
[la] sonrisa—smile
soplar—to blow
soportar—to endure, bear
sordo, -a—deaf
sorprender—to surprise

sorprendido, -a—surprised
[el] sospechoso—suspect
su, sus—his, her, its, your, their
subir—to go up, climb, get on
[el] subjuntivo—subjunctive
substancioso, -a—nourishing
[la] substitución—substitution
substituir—to substitute
[los] suburbios—suburbs
sucio, -a—dirty
[la] suegra—mother-in-law
[el] suegro—father-in-law
[la] suela—sole
[el] suelo—floor
[el] sueño—dream, sleepiness
      tener sueño—to be sleepy
[la] suerte—luck
[el] suéter—sweater
suficiente—enough
sufrir—to suffer
sugerir [ie]—to suggest
Suiza—Switzerland
suizo, -a—Swiss
sumar—to add
[la] superioridad—superiority
[el] superlativo—superlative
[el] supermercado—supermarket
[la] superstición—superstition
suponer—to suppose
[el] sur—south
suspender—to call off
suspirar—to sigh
suyo, -a—his, her, its, your, their

T

[el] tacón—heel
tal—such, such a
tal vez—perhaps
[el] talismán—charm, amulet
[el] taller—repair shop
también—also, too
tampoco—neither, nor

tan—so, as
tan . . . como—as . . . as
tan pronto como—as soon as
tanto, -a, -os, -as—as *[so]* much, many
[la] **tapia**—mud wall, adobe wall
[la] **tarde**—afternoon
        Buenas tardes—good afternoon
tardarse—to delay
[la] **tarea**—task, job; homework
[la] **tarifa**—price list
[la] **tarjeta**—card
tasa de interés—interest rate
Tauro—Taurus
[el] **taxi**—taxi, cab
te—*[to]* you *[fam. sing.]*, *[to]* yourself
[el] **té**—tea
teatral—theatrical
[el] **teatro**—theater
[la] **telecomedia**—soap opera
[el] **teléfono**—telephone
[la] **televisión**—television
[el] **tema**—theme, topic
temblar—to shake, tremble
temer—to fear
temprano—early
tener—to have
  -calor—to be warm
  -celos—to be jealous
  -cosquillas—to be ticklish
  -cuidado—to be careful
  -deseos de—to be anxious
  -en cuenta—to take into account
  -éxito—to be successful
  -frío—to be cold
  -ganas de—to feel like
  -hambre—to be hungry
  -la culpa—to be to blame
  -miedo—to be afraid
  -prisa—to be in a hurry
  -razón—to be right
  -sed—to be thirsty
  -sueño—to be sleepy
  -vergüenza—to be ashamed
tener que—to have to

tener ____ años *[de edad]*—to be _____ years *[of age]*
[el] **tenis**—tennis
tenuemente—dimly
Teodoro—Theodore
tercero, -a—third
terminar—to terminate, end
[el] **término**—term
[el] **terremoto**—earthquake
trescientos, -as—three hundred
ti—you, yours *[fam. s.]*
[a] **tiempo**—on time
[el] **tiempo**—time, weather
[la] **tienda**—store
[la] **tierra**—land, earth
[el] **timbre**—doorbell, stamp
[la] **tintorería**—dry cleaners
[la] **tía**—aunt
[el] **tío**—uncle
típico, -a—typical
[el] **tipo**—type, sort
[el] **tirano**—tyrant
[el] **título**—title
[la] **toalla**—towel
tocar—to knock
[el] **tocino**—bacon
todavía—still, yet
todo, -a—all
todo el mundo—everybody, everyone
todos los días—every day
tomar—to take, eat, drink
tomar el almuerzo—to eat lunch
tomar el desayuno—to eat breakfast
[el] **tono**—tone, tune
[la] **tontería**—nonsense, foolishness
tonto, -a—dumb, silly, foolish
tostado, -a—toasted
trabajador, ra—hard-working
trabajar—to work
[el] **trabajo**—work, job
traer—to bring, wear
[la] **tragedia**—tragedy
[el] **traje**—suit, outfit

traje de baño—swimming suit
tranquilo, -a—tranquil, peaceful
tras—after
tratar—to try
tratar de + inf.—to try to [do something]
trece—thirteen
treinta—thirty
[el] **tren**—train
tres—three
[el] **triángulo**—triangle
triste—sad
triunfar—to triumph, to win
tu, tus—your *[fam. s.]*
tú—you *[fam. s.]*
[el] **turista**—tourist
tuyo, -a—*[of]* yours *[fam. s.]*

U

últimamente—lately
último, -a—last, latest
un, uno, una—one, a, an
único, -a—only
[la] **universidad**—university
[el] **universo**—universe
unos, -as—some
[la] **uña**—fingernail, toenail
usar—to use, wear
usted—you
ustedes—you [pl. form.]
útil—useful
[la] **uva**—grape

V

[las] **vacaciones**—vacation
vacío, -a—empty
[la] **vainilla**—vanilla
valer—to be worth
[el] **valle**—valley
[el] **vaquero**—cowboy
vasco, -a—Basque
[el] **vaso**—glass
¡Vaya!—what, go on
[el] **vecindario**—neighborhood, vicinity

veinte—twenty
veinticinco—twenty-five
veinticuatro—twenty-four
veintidós—twenty-two
veintinueve—twenty-nine
veintiocho—twenty-eight
veintiséis—twenty-six
veintisiete—twenty-seven
veintitrés—twenty-three
veintiuno—twenty-one
[el] **vendedor** *[la vendedora]*—salesperson
vender—to sell
venir—to come
ver—to see
[a] **ver**—let's see
verse—to look, appear
[el] **verano**—summer
[la] **verdad**—truth
verde—green
[la] **versión**—version
[el] **vestido**—dress
vestirse *[i, i]*—to get dressed
[la] **vez**—time, occasion
  a veces—at times
  en vez de—instead of
  otra vez—again
  tal vez—perhaps
viajar—to travel
[el] **viaje**—trip
[el] **viajero**—traveler
  cheque de viajero—traveler's check
[la] **vida**—life
viejo, -a—old
[el] **viento**—wind
  hacer viento—to be windy
[el] **viernes**—Friday
vigilar—to watch over
[el] **vino**—wine
violeta—violet
[la] **vista**—view, sight
  hasta la vista—until later
[la] **visita**—visit
visitar—to visit

vivir—to live
volar *[ue]*—to fly
[el] **volcán**—volcano
volver *[ue]*—to return, come back
volverse—to turn *[to]*, turn around
vosotros, -as—you *[fam. pl.]*
[la] **voz**—voice
[el] **vuelo**—flight
vuestro, -a—yours *[fam. pl.]*

Y

y—and
ya—already, now
yo—I

Z

[la] **zapatería**—shoe store
[el] **zapato**—shoe
[el] **Zodiaco**—Zodiac
[el] **zoológico**—zoo
[la] **zorra**—fox

Index of Abbreviations

aux. = auxiliary

fam. = familiar

fem. = feminine

form. = formal

pl. = plural

s. = singular

CYNTHIA L. WALKER, PLS, CLA
Caldwell & Johnson
100 Van Ness Ave., 19th FL
San Francisco, CA 94102